U0949320

EX-LIBRIS
6·18
POWER OF INNOVATION
SELECTED ACCOMPLISHMENTS OF CSTPF

6·18
项目·技术·资本·人才
15TH
2003-2017

创新的力量

"6·18"成果转化项目选粹

Power of Innovation

Selected Accomplishments of CSTPF

中国·海峡项目成果交易会组委会办公室
福建省招标采购集团六一八产业发展有限公司
编

海峡出版发行集团 | 福建人民出版社
THE STRAITS PUBLISHING & DISTRIBUTING GROUP | FUJIAN PEOPLE'S PUBLISHING HOUSE

图书在版编目（CIP）数据

创新的力量：“6·18”成果转化项目选粹 / 中国·海峡项目成果交易会组委会办公室，福建省招标采购集团六一八产业发展有限公司编. —福州：福建人民出版社，2017.6
ISBN 978-7-211-07667-3

Ⅰ. ①创… Ⅱ. ①中… ②福… Ⅲ. ①科技成果—成果转化—汇编—福建 Ⅳ. ①F127.57

中国版本图书馆CIP数据核字(2017)第124168号

创新的力量
CHUANGXIN DE LILIANG
——“6·18”成果转化项目选粹

作　　者：中国·海峡项目成果交易会组委会办公室
　　　　　福建省招标采购集团六一八产业发展有限公司
责任编辑：于荣生
特约编辑：田成海
出版发行：海峡出版发行集团
　　　　　福建人民出版社　　　　　　电　　话：0591-87604366(发行部)
网　　址：http://www.fjpph.com　　　电子邮箱：fjpph7211@126.com
地　　址：福州市东水路76号　　　　　邮　　编：350001
经　　销：福建新华发行（集团）有限责任公司
印　　刷：福建省金盾彩色印刷有限公司
地　　址：福州市晋安区福光路23号　　邮　　编：350014
开　　本：787毫米×1092毫米　1/16
印　　张：13.75
字　　数：178千字
版　　次：2017年6月第1版　　　　　2017年6月第1次印刷
书　　号：ISBN 978-7-211-07667-3
定　　价：96.00元

序：创新平台　创业桥梁　创造载体

科技是国家强盛之基，创新是民族进步之魂。

福建是改革开放先行省份，在建设创新型省份的道路上亦是发力早、探索多、步伐大。为破解科技资源相对较紧，科技成果转化渠道较窄的难题，从2003年开始，福建省委、省政府精心打造“6·18”项目成果交易会这个平台，开展大型科技成果交易，并常年举办对接活动，促进科技同经济对接、创新成果同产业对接、创新项目同现实生产力对接、研发人员创新劳动同其利益收入对接，进一步聚焦创新要素，提升创新能力，加快产业转型升级。15年来，“6·18”平台共征集推介科技项目成果十多万项，促进4万多项成果在福建转化落地，带动社会投资5000多亿元，成为创新型省份建设的重要抓手，成为福建大众创业、万众创新的重要载体。

15年来，依托“6·18”平台，创新资源有效集聚。由于历史原因，福建重点高校、科研单位少，国家重大科研项目布点少，“6·18”弥补了这一短板。“6·18”坚持以全球视野谋划和推动创新，最大限度用好全球创新资源。每年“6·18”展会期间，数十位两院院士，数百位科技领军人物、经济学家、产业专家和投资人，数千家创新型企业参会；美国、德国等70多个国家和地区的300多所高校、科研单位先后组团参与；国家科技部、中国科学院、中国工程院等部门，中国航天科技集团、中国电子信息产业集团等央企，中国电子学会、中国生物工程学会等全国性学会（协会）注入了大量高端科技资源，各方力量有效汇聚到“6·18”平台上，形成了支撑创新驱动发展的强大合力。

15年来，依托“6·18”平台，创新成果加速转化。“五天盛会、常年对接、永不落幕”是“6·18”的显著特点。福建结合资源禀赋、产业规划和企业发展需求，构建“大科技、大协作、大开放”的格局，每年举办“6·18对接日”等100多场形式各样的专业对接、专场对接活动，充分整合各方资源，有效加强了政府、企业、科研院所的互动，推动创新成果与资本、人才、政策无缝对接，落地转化。同时，创设“6·18”网站、《6·18博览》、“6·18双创云平台”、“6·18”APP、“618博览”新媒体矩阵、969618服务热线等工作载体，搭建了永不落幕的项目成果交易平台。通过“6·18”平台，一批创新成果顺利转化，一批科技小巨人企业迅速壮大，一批传统产业加快改造，一批高成长的新兴产业集群加快发展。

15年来，依托“6·18”平台，创新能力不断提升。按照“政府引导、虚实结合”的思路，以院（校）企对接为手段，以引进技术、发展产业为目的，以科研项目为纽带，从“6·18”平台延伸推动了一批由政产学研多方共投共建的虚拟研究院，吸引国内外高校、科研院所、科技服务机构和专家“入驻”虚拟研究院，吸引国内外优势研发力量参与横向协作攻关，吸引科技企业孵化器、高新园区、工业园区优先承接虚拟研究院的项目成果落地，共同致力于尖端共性关键技术研发、成果转化、企业孵化、技术服务和人才培养，集中资源、联合科研，优势互补、资源共享的协同创新长效机制初步形成，有力推动了企业自主创新水平的提高，推动了福建区域创新体系的形成。

15年来，依托“6·18”平台，创新活力极大激发。党的十八大以来，适应大众创业、万众创新要求，在“6·18”日常项目对接、展示、论坛、路演中，突出办好青年创新馆、职工发明创造成果馆、巾帼创新创业成果馆以及海峡两岸创客交流活动、互联网经济创业创新大赛等展会活动，集中推介展示创业创新成果，营造浓厚的创新创业氛围，吸引大学生、回乡青年、职工发明人、返乡农民等各类群体参加，为创客、企业、科研院所和投资机构充分交流合作搭建对接平台。全省300家各类众创空间、136家科技孵化器、3000多家创业企业主动融入“6・18”平台，在平台上集中发布创业创新信息、聚集创新创业要素，各类创新主体活力得到激发，创新能力得到系统提升，营造了浓厚的创新创业氛围。

15年持续创新，15年春华秋实。站在新的起点上，“6・18”要按照《国家创新驱动发展战略纲要》的部署，以推进深化供给侧结构性改革为思路，梳理15年来“6・18”所取得的成效，总结“6・18”推动科技成果转化的规律，丰富技术转移“福建模式”的内涵，精准对接、高效转化，加快发展新产业、掌握新技术、构筑新平台、催生新业态、应用新模式，进一步发挥“6・18”平台在实施创新驱动发展战略中的重要支撑作用。

目录 Contents

"6·18"：不断发展提升的创新平台

——从1.0版到4.0版

苏文土/文

科技成果转化为现实生产力，是实施创新驱动战略，实现科学发展的关键。2003年以来，福建省委、省政府通过举办中国·海峡项目成果交易会（简称"6·18"），并创造性地以"五天盛会、常年对接、永不落幕"的工作机制，建立起技术转移大平台，引进推介了一大批先进、适用技术项目，有效集

>>>"6·18"对接日暨2017中国（福建）创新创业高峰论坛在福州召开

聚了资本、人才等生产要素，促进了一大批项目对接转化并实现产业化发展，推动广大企业与高校科研院所建立了深度的产学研合作关系，切实提升创新能力，从而有力推动了产业结构调整与转型升级。15年来，"6·18"紧跟时代步伐，不断加快自身的创新，从1.0版到4.0版，一路飞奔发展，成为福建实施创新驱动发展战略的一道亮丽风景。

1.0版"6·18"：展会+洽谈对接+论坛

2003年6月18—20日，首届"6·18"在福州金山展览城举办。展览设四馆两区一厅，即高等院校项目成果馆、科研机构项目成果馆、项目技术需求馆、综合项目成果馆、金融投资服务区、信息咨询服务区、高新技术信息成果演示厅；汇聚了全省180个重点招商项目、944项企业技术难题，虽然受到"非典"影响，但仍有107所高校、科研院所的300多名专家携带2500多个项目成果积极参展寻求转化。与此同时，由国内一批著名经济学专家主持的海峡青年论坛、福建工商企业创新发展峰会、清华·福建现代制造企业性能诊断与效率改善论坛，以及中国留学人员创业论坛等四大论坛，也全面开讲。短短的3天时间，首届"6·18"取得了可喜成绩：签订项目成果合同776项、企业技术难题攻关合同63项，推介272名专门人才，达成合作意向55项。

这，便是1.0版的"6·18"了。在那个信息获取渠道、方式相对单一的年代，会展作为集聚信息、促进交流的有效活动，成为主办方、参展商、专业观众之间克服信息不对称，推进信息有效传递和真实传播的重要媒介和载体。1.0版的"6·18"以展会+洽谈对接+论坛的方式，拉近了企业与高校、科研院所的距离，为企业、投资者与高等院校、科研院所、金融机构和人才之间提供了一个面对面沟通，行业头脑风暴的机会，搭建了一个项目信息交流和成果转化、对接的平台。

为了办好"6·18"，福建省政府把这项工作交给了福建省发展计划委员会（2004年起更名为福建省发展和改革委员会）。省发展计划委员会把承办"6·18"看作是对部门职能转变的一次考验，从2002年下半年就开始准备，成立推介办（后改为项目成果推进处），承担"6·18"组委会办公室日常工作，先后组织7个小组、30多人次赴国内外开展项目成果征集工作。从17个省（市）的250多所高校、科研院所及欧、美、加等地的一些海外留学人员中调研征集到2万多个项目成果。经组织专家评审，从中筛选出5000个成果。为了做好项目成果对接的后续服务，还会同省财政厅制定出台了《福建省促进项目成果转化扶持办法（试行）》，推动科技成果能尽快、真正地转化为现实生产力。为了确保成效，省发展计划委员会还联合南平市政府，于2003年2月21—22日在南平举办项目成果推介会，为“6 · 18”预演。

福建省经贸委、教育厅、科技厅、农业厅、林业厅、信息产业厅等主管科技、产业的部门也都积极参与进来，广泛发动省内高校、科研院所梳理、推介项目成果，征集省内企业技术需求。他们在“6 · 18”找到了为企业发展、科研开发服务的新空间。

>>>2004年第二届“6 · 18”开幕式现场

2.0版"6·18"：常年对接、永不落幕

2006年3月2日，"6·18"项目对接茶会在北京举行。清华同方、北大药学院、中科院自动化所等单位的50多位专家学者，带着研究的最新成果，和福建带来的300多个技术需求方进行面对面交流。一方在寻求成果转化，一方有技术需求，现场谈项目、议项目，气氛浓烈。这样的项目对接茶会，是2.0版"6·18"日常工作中的一种重要的形式。自2005年6月21日至2006年6月17日，在第四届"6·18"的筹备期间，各成员单位举办了近40场"6·18"茶会等形式的项目对接会、恳谈会。

"常年对接、永不落幕"是2.0版"6·18"的精髓。围绕建立项目长效对接机制，"6·18"不断创新工作方法，在组委会办公室的基础上，又组建了常年服务"6·18"的工作团队——福建项目成果交易服务中心，同时在"6·18"网站的基础上，又陆续创办《6·18博览》杂志，开通969618服务热线，举办经济科技讲坛，开通"6·18"微博等，宣传推进自主创新、加强科技成果转化应用的方针政策、法律法规，推介科技项目对接、转化的典型经验，发布最新科研动态和最新成果及企业的技术需求、项目需求等，搭建了"永不落幕"的项目成果交易平台。组委会办公室和各成员单位每年都结合福建产业发展规划和企业需求，有重点、有针对性地开展上百场形式多样的洽谈对接会、项目对接会、专题现场会、项目茶会等日常项目对接活动。各级政府部门、大型央企、科研院所、科技中介组织和省内企业多方联手"走出去，请进来"，进高校、到企业、下基层、入农村，开展项目日常对接，促进了一大批项目落地转化。同时，建立了省、市、县三级对接项目跟踪管理体系，组织人员开展对"6·18"对接项目的跟踪服务工作，实现协议意向项目促升级、合同项目促开工、开工项目促投产，保障了常态化工作机制的落实。

在项目资源的挖掘上，"6·18"更是有了新突破。2006年，中国科学院、人民日报社、国务院侨务办公室、国家外国专家局成为"6·18"主办单位，从此，越来越多的国家有关部门、科技型央企、全国性学会加入到"6·18"的主办单位行列中，把"6·18"作为其支持福建科学发展的重要载体。而今，

>>>2013年第十一届“6·18”央企馆

“6·18”主办单位已达31家，其中国家有关部门15家、央企7家、全国性学会（协会）9家。

“上下联动、左右协调”的合力机制在2.0版“6·18”得到进一步加强，无论是行政部门、还是科研院所和企业，在这里都找到了借势登高，汇聚各自系统资源，助力福建科学发展的舞台。

中国科学院、中国工程院是我国最高科技学术和科技工程机构，中国科学技术协会是全国科技工作者的国家一级组织，他们汇集了一大批高端人才。福建省委组织部、省科协等把引智聚力作为服务“6·18”活动的重要举措，积极争取这3家单位分别于第四届、第六届、第七届起参与“6·18”主办，参会的两院院士，由初期闽籍院士的个体行为，拓展提升为两院的主办单位行为。15年来，累计有800多位院士、1100多位专家参会“6·18”，重点推介院士、专家技术项目1000多项，对接签约200多项，有效促进了一批院士、专家项目成果在我省对接转化，提升了项目质量和效益。同时，充分发挥院士、专家丰富的智力资源优势，在“6·18”期间举办省领导与院士专家座谈会，组织院士专家开展重大项目课题研究，推荐院士专家担任地方经济和科技顾问或高校客座教授等，为福建科学发展倾注智慧；并先后在福建省有关企业、高新科技园区等建立起174个具有长效机制的项目对接转化新载体——院士专家工作站，有力促进了福建省企业技术创新和发展。

从2007年第五届“6·18”起，福建省住建厅争取国家住建部支持，连续七年举办海峡绿色建筑与建筑节能博览会，累计展示了近2000项新技术、新产品。从展馆节能屋的建造，到一个个示范工程的建成，激发了企业内生动力，新兴绿色建材、可再生能源、节能运行智能管理等绿色节能产业规模初显，绿色建筑方兴未艾。

>>>2009年第七届“6·18”院士专场对接会

在福建省人社厅的对接下，国家外国专家局参与主办“6·18”，并发挥其在引进国外智力方面强大的渠道、资源、信息优势，全力以赴协助福建开展国（境）外专家项目成果的征集以及邀请国（境）外专家参会参展等工作，为“6·18”办好“国（境）外专家成果馆”，举办“海外大师海西行”提供了保障，推动“6·18”搭建引进海外智力项目、人才高端平台。十几年来，通过“6·18”推介70多个国家和地区专家项目数千项，邀请50多个国家和地区330多所高校、科研机构的一大批专家参会，在境外举办几十场推介对接会，并把“6·18”中好的国外项目列入国家、省引智资金项目。

国家工信部、教育部、科技部、环保部等先后参与主办“6·18”，这些部门都充分发挥各自在来宾邀请、成果征集、人才引进等方面的优势资源，大大丰富了交易会内涵，提升了“6·18”的层次和水平，促进了“6·18”从区域性平台走向全国性平台，并以更大的步伐迈向国际舞台。

福建省经信委、农业厅、林业厅、环保厅、海洋渔业厅等产业主管部门，各设区市人民政府、平潭综合实验区管委会，纷纷把“6·18”作为有效提升产业科技水平，加快产业健康发展和产业结构优化升级的助推器。他们依托“6·18”平台常年广泛征集项目成果、技术需求，创新举办各种类型的专场、专业项目对接活动，深入做好对接项目跟踪和落地转化服务，积极帮助协调解决项目对接和落地中遇到的问题。省委台办，省教育厅、科技厅、外事办、侨办、金融办、知识产权局等全面发挥其渠道优势，集聚技术、人才、资本等要素，服务产业发展。省总工会、团省委、妇联、贸促会、中国海峡人才市场、省留学生同学会·福建留学人员联谊会、省归国华侨联合会等群团组织也积极参与“6·18”平台的建设，他们结合日常工作，在各个群团中广泛发动，围绕“6·18”主题，征集项目、技术、人才，举办对接活动，共同推动项目落地转化。

3.0版“6·18”：虚拟研究院

2013年11月26日，在中共福建省委九届十次全会上，省委书记尤权强调，要发挥中国·海峡项目成果交易会的平台作用，建设“6·18”虚拟研究院，形成项目、技术、资本、人才与产业对接的长效机制。虚拟研究院成为3.0版"6·18""网聚创新力量"的重要载体。"6·18"虚拟研究院以"不求所有、不求所在、但求所用"为宗旨，以现代互联网思维构筑开放式协同创新平台，更广泛汇聚科技资源、更有效推进协同创新、更专业服务项目落地，是"6·18"的又一次飞跃。

福建的产业发展需要科技创新的强有力支撑，但福建大型科研机构少，如何汇聚更多的省内外创新资源，开展协同创新，是提升区域科技创新能力的必由之路。福建省委、省政府高屋建瓴，提出打造"6·18"虚拟研究院的战略思路。"6·18"组委会办公室和各有关部门积极探索，问计专家，调研基层，广泛征求各方意见，渐渐明晰了"构建三大平台"的思路。2013年12月，省发改委制定了《建设"6·18"虚拟研究院实施方案》并开始付诸行动。

按照"抓龙头、铸链条、建集群"的要求，结合产业梳理成果和各地产业发展需求，一批政产学研多方共投共建的"6·18"虚拟研究院产业技术分院

>>>2014年第十二届"6·18"举办，"6·18"虚拟研究院首次在展会上亮相

应运而生：依托省海洋渔业厅建设的海洋分院、依托机械科学研究总院海西分院建设的机械装备（三明）分院、依托省农科院建设的现代农业分院、依托省建筑科学研究院建设的建筑建材分院等8个产业技术分院先后成立。各产业技术分院围绕产业发展需求和前沿关键技术的突破，推动协同创新，开展共性关键技术研发、成果转化、企业孵化、人才培养和交流，形成优势互补、资源共享的产学研协同发展平台。如，机械装备（福州）分院经常组织科研单位专家深入实体企业，开展现场调研、辅导、诊断服务，成立后两年，就推进福建企业与境内外科研机构、高等院校、知名企业技术成果对接项目63项，完成孵化应用项目23项。

福建省科技厅依托海峡技术转移中心，整合集聚境内外创新资源，倾力打造国家技术转移海峡中心，先后择优引进瑞士瑞中经济科技教育交流中心、中国技术交易所、国际技术转移协作网络等一批机构入驻。

“6·18”网站也逐步改造提升为网络协同创新平台，建设了专家、高校、科研院所和企业4个数据库，清华大学、香港理工大学等一大批高校，中国农科院、以色列魏茨曼科学研究所等科研院所，上千位高层次专家和几千家企业“入驻”，为企业创新打造了一个完全开放、突破时空限制的新型服务平台。

4.0版“6·18”：专业化、市场化

发展的脚步永不停歇。立足于推动创新成果产业化的“6·18”平台，从未忘记自身的创新发展。

随着改革的深入，福建省委、省政府突破由政府主导支持建设展会平台、产业服务平台的模式，探索“政府引导+市场化运作”的平台建设模式。2015年，省政府研究决定，由省属企业福建省招标采购集团注册成立福建省六一八产业发展有限公司，负责运营“6·18”，以市场化的力量、专业化的服务打造一个具有全国影响力的创新资源开发平台，为新常态下的广大企业转型升级提供更加到位的项目、技术、资本、人才服务。2015年6月19日，六一八公司和“6·18”产业股权投资基金成立，这也意味着4.0版“6·18”开始起航。

在省发改委的指导下，六一八公司制定了专业化、信息化、品牌化、市场化的“6·18”提升发展规划。

>>>"6・18"团队荣获2015—2016年度全国青年文明号

通过沟通协调，中国航天科技集团、机械科学研究总院等科技型央企，中国电子学会、中国生物工程学会等全国性学会陆续新增为"6・18"主办单位。这些与市场贴合得更加紧密的主体的加盟，让"6・18"的资源更专业了。六一八公司吸引了一批专业人才加入，开始承接原先由政府部门主办的一些展馆的筹备及执行等具体工作，并通过公开征集，吸引了一批有实力的社会团体、产业组织和科技中介服务机构承担"6・18"部分专题馆、行业论坛的策划组织，"6・18"的组织更专业了。2015年第十三届"6・18"首设总冠名，通过在产业界寻找"创新领航"代言人，推举创新企业，进行产业创新示范，带动形成创新集群效应。同样由福建省招标采购集团成立的"6・18"产业股权投资基金，运营仅一年多，便投资了三维码、巨电新能源、永越机器人等6个"6・18"项目，投资总额达3.8亿元，同时，以市场化机制为抓手，吸引了更多社会资本关注、投资、培育"6・18"对接的创新型项目，"6・18"的运营更专业了。

在展会信息化方面，六一八公司完善了展会证照系统等信息化服务平台，建设了集微信公众号、头条号、一点号、企鹅号等于一体的自媒体矩阵。六一八公司还根据福建省《实施创新驱动发展战略行动计划》的要求，建设运营“双创”云平台，强化“6·18”产学研常年对接机制。云平台立足于发挥“互联网+”、移动互联、大数据的优势，将进一步推动集聚创新人才、整合创业创新信息资源，开展在线技术咨询与交易、创新项目产品众筹等服务，为创新创业者提供项目咨询、落地、转化“一条龙”服务。目前，由“项目成果”“技术需求”“专家学者”“创业导师”“创客”“创投机构”“众创空间”等板块构成的“双创”云平台一期已上线运行，且实现了在线交流、申请等互动功能；二期将建设网上技术交易系统，为技术交易提供评估、专利保护和专家上线对接，鼓励企业自行上线组织专场对接会，实现在线交流及精准对接、交易等完备的功能。

科技引领时代，创新决定未来。历经15年的打造，“6·18”在改革中不断发展，成为福建实施科学发展、创新驱动的重要抓手，成为推动大众创业、万众创新的重要平台，成为深化改革、转变政府职能的重要成果。

>>>2016年以“创业、创新、创造”为主题的第十四届“6·18”举办

第一章　院士项目——对接高端智库

对接院士项目，提升福建企业的技术创新水平，是“6·18”平台的重要成果之一。创新居于发展全局的核心位置，要以全球视野谋划和推动创新，最大限度用好全球创新资源，院士项目显然成为“6·18”对接转化项目中的“明珠”。对接院士项目，不仅可以让企业迅速瞄准产业发展的前沿，更为关键的是可以让企业在承接院士项目过程中，通过产学研的联合攻关与创新机制的建立，为企业创新发展提供赢得未来的永续动力。

恒杰塑业：新型塑料成就新事业

刘应平　陈晨/文

印象中，北方冬季的供热管道常使用笨重且易散热和易遭腐蚀的钢管，时至今日，能否有一种新的材料克服这些缺点呢？4月24日上午，笔者来到福建恒杰塑业新材料有限公司（下称“恒杰塑业”），其研发部经理许建钦揭晓了答案，但让人万万没想到的是，取代钢管的竟然是塑料管道。

“这在行业中可以说是极具颠覆意义的突破。2014年我们开发出的PE-RTⅡ耐热聚乙烯管道，不仅具有良好的柔韧性，耐高热、耐压性也更好，可长期输送最高85℃的水，长期使用工作压力可达1.0MPa，而最低工作温度可达-40℃，使用寿命为50年。”许建钦自豪地说道。

>>>恒杰塑业公司工人正在进行产品实验（企业供图）

瞄准供热领域材料短板

恒杰塑业是一家专业生产聚烯烃类绿色环保系列产品的企业。2000年公司成立之初，所有的塑料生产企业都在做聚氯乙烯（PVC）管道时，恒杰塑业却瞄准了处于行业技术前沿但市场前景并不怎么明朗的聚乙烯（PE）管道。“我们公司自成立以来便确定了以‘发展高新技术含量的新型塑料制品’为产业的发展方向，注重产品研发和技术创新。”

许建钦介绍，随着经济发展与城镇化建设水平的提高，国家对工业节能、环保越来越重视，对北方地区供热的管网建设十分关注。为此，恒杰塑业于2012年上半年及时展开市场调研，不断走访热力公司、热力设计院及专家学者，最终得出结论：使用耐热聚乙烯管道将大大降低成本。为此，在与世界500强的道达尔公司合作研发原材料的基础上，恒杰塑业开启了历时一年多的

>>>中石化北京化工研究院组团到恒杰塑业指导交流（企业供图）

技术攻关。

研发中，管道发泡保温层的攻关让研发团队吃了不少苦头。

“发泡层使用到的最主要材料是聚氨酯。当时我们工艺科的几个同事一半以上都对聚氨酯过敏，手上腿上出现小红点，浑身发痒，但为了坚持把样品做出来，大家也只能先忍着把药吃了，等到有空闲了才去医院打吊瓶。”许建钦笑言，如今，这些往事反倒成了趣事。

这样的研发缩影还有很多。据许建钦介绍，从引进设备到制作模具、改进工艺再到最后的测试，研发团队反复做了大量试验。其中，工艺改进是最煎熬的部分，“我们常常认为模具是圆的，出来的成品也是圆的，但实际并不是这样，当初我们为了克服熔体下垂与因厚度而出现的偏心问题，摸索了很久。”许建钦说，“生产中要考虑到材料的熔体强度，越强则流动性越差，黏度越高，在机筒与模头中需要低熔体强度，出模后则需要高熔体强度以便于加工，因此，要找到中间的平衡强度极其困难。”

经过一年多的努力，恒杰塑业攻破配方与工艺难题，制成的耐热聚乙烯管道，耐慢速裂纹增长性能较好，可耐高温热水，也可耐低温冲击，具有优良的静液压强度。“用作运送温泉水时，其温度可达到90多度，在这样的高温情况下，我们的管道寿命可达近13年，而钢管的平均寿命则为两三年。至于85度以下的温度，钢管则与我们差了近二三十年的‘保质期’！”许建钦告诉我们。

通过与国内厂家对比，恒杰塑业产品的耐慢速裂纹增长切口试验及热循环试验优于其他产品。许建钦表示，以生产产品的工艺水平及产品实际应用质量来评价，恒杰塑业所生产的PE-RTⅡ耐热聚乙烯管道可以说处于国内领先水平。

2013年初，恒杰塑业开发的耐热管道在山西太原、黑龙江伊春等北方地区使用，至今未出现问题。值得一提的是，恒杰塑业还与太原市建筑设计研究院合作主编了关于该项目的工程建设地方标准。

“6·18”助产学研联合攻关

如今，饮用水安全愈来愈受大众关注，是目前国家高度重视的民生工程。

2007年起，我国对涉水产品的质检更加严格，要求必须通过相关许可检测。“我们早些年做出了抗菌类管道，但老是通过不了检测。”许建钦坦言，2013年公司便成立研发小组，在大家的合力攻坚下，一年之后成功解决了抗菌材料在管材内壁均匀分散、抗菌材料抗菌使用寿命以及抗菌层与非抗菌层相容性等技术难题，于2014年开发出自己的聚烯烃抗菌类管道，但由于当时缺乏理论知识，公司研发的产品难以解决长期抗菌等难题。

2015年，恒杰塑业在“6·18”平台上看到了中国工程院毛炳权院士团队关于抗菌类管道的理论成果，双方一拍即合，决定进行联合攻关。“我们与‘6·18’组委会办公室联系，提出设立院士工作站的想法，组委会办公室在了解公司的整体情况后，积极为我们提供帮助，对接省科协等部门，最终公司顺利与毛炳权院士团队在‘6·18’上正式签约，成立了院士工作站。”许建钦说。

院士工作站成立后，毛炳权院士多次组织团队到恒杰塑业实地考察，指导企业的产品研发与人才培养。在将理论与实践结合的基础上，恒杰塑业仅花了三四个月便突破瓶颈，开发出了高性能聚烯烃抗菌类管道，并获得一项实用新型专利，成为全国首家获得抗菌卫生许可批件证书的塑料管道生产企业。

>>>2015年，恒杰塑业与中国工程院毛炳权院士合作设立院士工作站（企业供图）

许建钦介绍，双方共同进行了聚乙烯PE100自洁抗菌给水管道、无规共聚聚丙烯（PP-R）抗菌管道等复合抗菌管道的研制，这些高性能抗菌类管道主要是用于城镇供水管道以及建筑室内管道输送饮用水，抑制饮用水在输送过程形成的菌群菌落繁衍，以及杀死饮用水中病原体，防止饮用水二次污染，提高饮用水质量。

搭乘“6·18”走创新发展之路

“在和院士团队合作一年多来，通过双方之间积极的互动，我们对目前国际、国内的有关高性能聚烯烃抗菌类管道技术知识有了新的把握，对人才培育也更加重视起来，创新技术引导着我们走高品质的良性竞争之路，这对今后我们企业的发展与市场开拓有很大帮助。”许建钦诚恳地说，正因为如此，恒杰塑业更加重视产学研合作，目前已与北京燕山石化、福建省塑料研究所、福州大学、福建师范大学等建立了合作关系。

经过多年的积累与发展，恒杰塑业已获得国家火炬计划重点高新技术企业、省级技术中心、省创新型企业等荣誉，共申请并获得了8项发明专利与39项实用新型专利产品，通过了ISO9001质量管理体系认证、ISO14001环境管理体系认证、矿用产品安全标志认证、节水产品认证、测量管理体系（AAA级）认证、国家AAA级安全生产标准认证等。

时至今日，恒杰塑业已参加了近十届的“6·18”。谈起与“6·18”平台的缘分，恒杰塑业行政部经理林海英笑着说道：“对于企业来说，这是一件很好的事，不仅可以及时了解政府的相关扶持政策，还开拓我们的眼界，了解当前国内外产品技术创新领域，提高公司对行业与市场的认识。我们借助‘6·18’，成功地与毛炳权院士团队合作并设立院士工作站，是近年来公司最大的收获，这为我们提供了一个很好的创新发展机会。未来，我们将继续努力，不断推进福建甚至是中国塑料业的发展。”

科华恒盛：为核电站“供电”

刘默涵/文

核电站是用来发电的，但有一家闽南企业生产的装备，却是为核电站“供电”的。这家企业叫厦门科华恒盛股份有限公司（下称“科华恒盛”），生产的这款装备，叫核级UPS（不间断电源）。

>>>科华恒盛厦门总部大楼（企业供图）

一家企业的“技术宅”基因

世界上第一台UPS设备于1903年在美国洛杉矶诞生。此后五六十年间，UPS在国外逐渐普及。随着计算机和其他精密仪器的普及应用，UPS“保驾护航”的作用更是日益凸显。尤其是进入信息化时代后，在金融、通讯、数据中心、交通……甚至包括核电机组等重要领域的关键部位，一旦发生市电临时断电，将造成重要数据丢失、重要设备停止运转等可怕后果，UPS的保护显得至关重要。

因而，能否生产优秀的UPS设备在一定程度上成为一个国家科技实力的标

>>>工作人员正在调试太阳能光伏逆变器（企业供图）

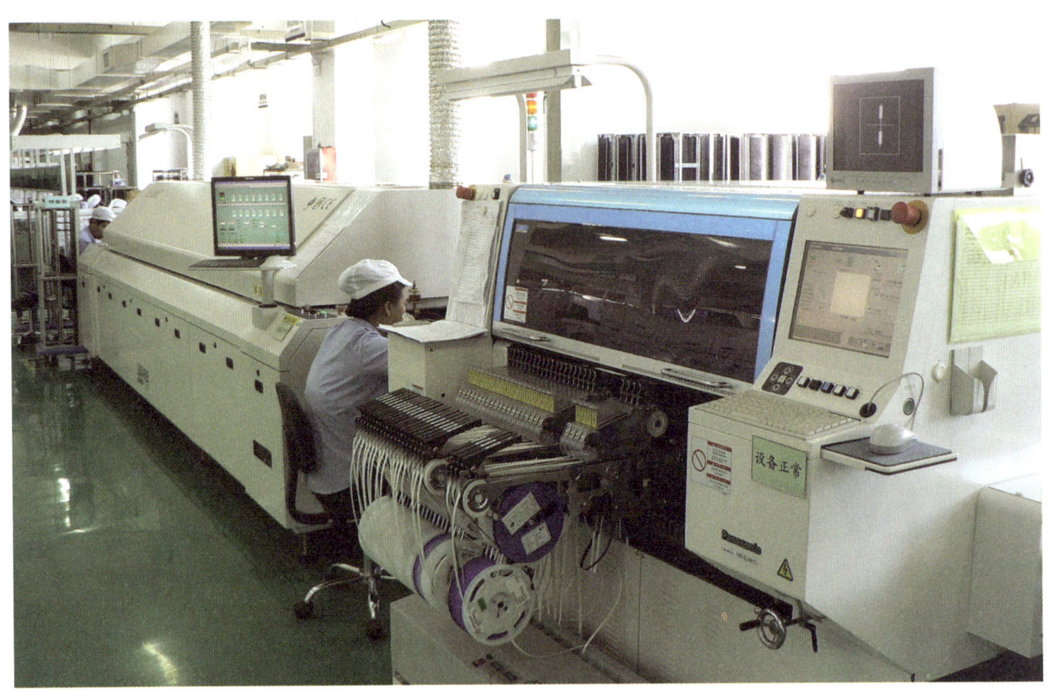

>>>科华恒盛生产车间一角（企业供图）

尺之一。

科华恒盛在国内算是第一批尝到UPS这只"螃蟹"滋味的企业。

1988年，在漳州一块只有300平方米的僻静工厂里，一个由28名职工组成的UPS生产企业——漳州科华电子有限公司（下称"科华电子"）挂牌成立。它就是科华恒盛的前身，其生产的UPS1000产品翌年得到了国家的认可，入选首批国家级火炬计划项目。

1992年，在福州大学自动化系的参与下，科华电子多个科研项目又陆续有了重大突破，产品的电源效率和可靠度有了大幅提升。

1996年，企业被国家科技部授予UPS行业第一家"国家级重点高新技术企业"。

1999年，科华电子完成股份制改造，在原有的基础上进行快速扩张，逐步形成以厦门、漳州和深圳三地为中心的产业布局。

2010年，科华恒盛在深圳A股成功上市。

一个善做“加减乘除法”的“工科男”

和其他很多行业一样，在产业发展初期抢占了先机的科华恒盛，经历了十余年的好年景之后，也遭遇了行业竞争全面升级的“阵痛期”。

此时的不间断电源产业，因其日益旺盛的市场需求而引来了越来越多的“掘金者”，竞争对手如雨后春笋般出现。

“当大大小小的企业进入UPS行业后，市场不可避免地出现了恶性竞争和相互压价，一波缺乏核心竞争力的企业相继倒下。”科华恒盛副总工程师苏先进说。

成本竞争、价格竞争、技术竞争、服务竞争……一个充分竞争的市场，将方方面面的竞争门槛迅速推高。

科华恒盛冷静应对，重新厘清、确立了自身的市场定位——发挥企业在技术上的先发优势，依靠技术创新拉开与竞争对手的“安全距离”，摆脱低端竞

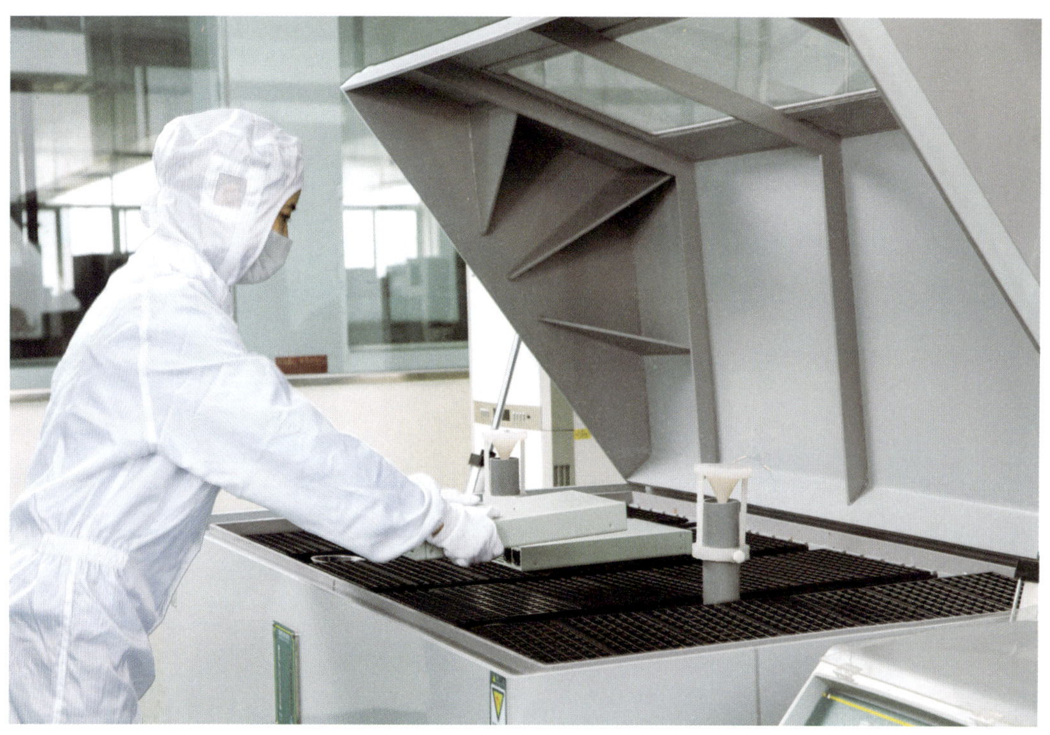

>>>一名工作人员正在进行科研实验（企业供图）

争的泥潭，集中资源发力高端市场，向新能源、电动汽车等新兴领域迈进。

苏先进对此有一个通俗的"加减乘除"比喻："在成本制造端做减法，在技术服务端做加法，在高端技术创新上做乘法，在低端竞争上做除法，加快推进'技术+资本'的体系化转型。"

一个"终身创新型企业"的"6·18进修"

为推动技术创新，科华恒盛不遗余力。数据显示，近年来，企业每年投入的研发经费占年利润的5%以上。

与此同时，科华恒盛不断利用"6·18"平台大力推动产学研融合，先后与中科院、清华大学等国内外高校合作建立联合实验室，促成了一批技术成果的落地转化，并由此获得国家专利、软件著作权185项。

早在科华电子的时候，公司就通过"6·18"平台与福州大学对接了UPS新技术，并且两次获得省发改委"6·18"专项资金扶持。2008年，第六届"6·18"上，科华电子又和中国科学院院士、厦门大学原校长田昭武教授对接了"基于薄液层氧化还原偶的超级电容器的研发"项目。2010年，科华电子成立院士专家工作站，以厦门大学田昭武院士、浙江大学汪槱生院士为主导，通过工作站这个产学研用合作平台，促进了科华的技术创新。

2013年6月，科华恒盛通过"6·18"平台与福州大学牵手，在微功率太阳能光伏逆变并网技术方面开展了产学研合作。经过半年左右的科研攻关，微功率太阳能光伏并网逆变器就研制成功，产品效率高达98%。该项目也荣获"6·18"优秀转化项目。

"这是一项达到国内领先水平的技术应用。"苏先进说，微功率太阳能光伏并网逆变器的好处在于，它可以为家庭用户提供更好的电压安全性保障。目前公司已建成1条微太阳能光伏并网逆变器生产线，并已开始小批量试产，具备年产100MW太阳能光伏并网逆变器生产能力。根据预测，项目规模投产后可年增产值约5000万元。

从“为核电站供电”到“生态型能源互联网”

2015年，科华恒盛研发的1E级K3类UPS经中国机械工业联合会鉴定委员会的评定，主要技术指标达到了国际同类产品的先进水平，填补了国内技术空白。

“核级UPS是核电工程的重要组件，在供电安全性方面，技术级别要求是最高的。此前，因受制于国外技术垄断，我国核电厂在役的和在建的工程中，核级UPS设备完全依赖进口，这大大制约了国内核电的自主化水平。”

苏先进算了一笔账：2016年，我国核电装机容量占电力装机总容量的比例不足2%，到2020年，这个数字将是4%。按照两台百万千瓦级的核电机组计算，1E级K3类UPS设备价格数千万元。算上在役核电站设备的更新，到2020年，核级UPS设备的市场规模将达到数十亿元。

当前，科华恒盛生产的核级UPS设备已经在中广核集团的几个核电项目中得到推广应用。2016年，科华恒盛核岛级UPS成功中标“华龙一号”项目广西防城港核电站，实现核电重要控制系统保护电源的首次国产化应用。

据科华恒盛副总裁吴洪立介绍，今天的科华恒盛，已经构建起了“以高端电源、新能源和数据中心等三大解决方案业务为基础，以新能源、数据中心、交通事业和金融事业为‘四驾马车’，驱动并引领其他业务不断转型升级”的良性发展格局。

“未来，我们将向‘生态型能源互联网’的产业新方向迈进，帮助全球更多客户实现业务创新和可持续发展。”吴洪立说。

中科华宇：创新也是拼搏

辜英　苏婷/文

在一个阳光明媚的早上，我们来到莆田华林经济开发区中科华宇（福建）科技发展有限公司（下称“中科华宇”），踏进大门后不禁纳闷：这明明是一家生产胶粘剂的公司，为什么一点气味都没有？眼前厂区的美丽环境，让我们的疑惑不禁更深了。

恰好一名工人从厂房内走出来，未戴口罩的他引起了我们的注意。他笑呵

>>>中科华宇厂区一角（苏婷/摄）

呵地告诉我们：公司的水性聚氨酯胶粘剂不含“三苯”、甲醛等有毒有害物质，是一种环保型水性聚氨酯胶粘剂，适用于鞋底与鞋面、木材拼版组装等粘接使用，没有任何毒害气体，平时还经常会有小鸟跑到车间来，所以不戴口罩也不用担心自己的健康会受到影响。

>>>中科华宇董事长林进祥（苏婷/摄）

真是令人震惊！然而，令人震惊的还不止这一点。经过更深入的交谈，我们听完公司董事长林进祥讲述的故事之后，可以说是非常震撼了！

为了不再“用生命在挣钱”

莆田是全国著名的鞋业基地，然而鞋业生产在为当地创造财富的同时，也带来环境污染等负面问题。

2002年，中科院原副院长陈宜瑜院士到莆田调研，在一家鞋厂里被工厂的胶水刺激得睁不开眼睛。“他当时对我们莆田商人说，你们这是用生命在挣钱！这句话给我留下了深刻的印象。”林进祥皱着眉头介绍当时的情况。

那时候的莆田商界已意识到了这个问题。“当时福建省乃至全国制鞋业使用的都是含‘三苯’的有毒有害溶剂型胶水，不仅对职工的身体健康造成了危害，对社会环境也产生了严重的污染。”林进祥介绍道，制鞋行业是莆田市的主打产业，也是福建省的优势产业和特色行业，胶水问题不容忽视。

2003年，中科院福建物质结构研究所研发出环保型聚氨酯胶粘剂，但因为投入成本大、技术要求高，到2006年也没能落地转化。“作为一个门外汉，我并不懂行业的游戏规则，虽听说这个项目难度大，但看到科学家们都在全心投入，我相信科学的力量，一横心就拿下了项目！”林进祥笑言。

2010年5月，林进祥投资5000多万元，联合中科院福建物质结构研究所，共同创办了集科研、生产、营销为一体的中科华宇公司，致力于环保型聚氨酯胶粘剂研发以及在其他领域的运用。

付出沉重的代价

万事开头难，林进祥作为项目研发的负责人与企业董事长，每一次实验室技术的进步都让他欣喜若狂，而一次次的规模化生产失败又让他寝食难安。

从2升到50升再到500升生产装置的中试运行，每次生产技术的进步都要花费大量的时间和资本。"在500升生产装置的研发过程中，因为比之前规模扩大了10倍，但是设备和技术我们一时不知道该怎么改进，所以第一锅出来的胶水都是硬的，设备都被毁了。"林进祥一边讲，一边激动地举起双手。

中科华宇副总经理林超给我们描述了一次难忘的经历：

"2015年1月，公司刚建立2吨反应釜装置，在第一次试生产的时候，因为对反应工艺的把控不够及时、准确，导致2吨物料在半小时内就全部凝胶。凝胶后的物料变成整体坚硬的块状胶体，失去了流动性，无法从下面的出料口放出，只能用巴掌大的铁勺从上面的进料口一点一点地往外铲出。面对这次突发情况，我们林总没有过多问责，反而撸起袖子加入到清除凝胶的队伍中。公司上下齐心协力，轮流上阵，从下午两点一直奋战到深夜十一点，虽然是寒冷的冬季，但是每个人脸上都挂着汗珠，努力挽救这次中试失败导致的损失。"

在艰难时期，中科院陈宜瑜院士、中科院福建物质结构研究所所长洪茂椿院士来到中科华宇指导技术团队研发，及时调整了研发方向。

技术难关的突破，需要坚强毅力的同时还需投入大量资金。在接手环保型聚氨酯胶粘剂研发项目之前，林进祥是一个拥有四家企业的人生赢家，然而此项目落地后，他花光了所有积蓄。

2013年，中科华宇已亏损3000多万元，在林进祥濒临绝望的时候，政府雪中送炭，国家发改委补贴960万用于公司设备和厂房的投入，省发改委给予150万"6·18"专项资金扶持，此外，莆田市经信局和科技局也提供了相关政策和资金帮助。各级党政领导的关心、帮助，使他重拾了研发和创业的决心。2014年，林进祥决然地卖掉了福州的房子，抵押上所有的资产，坚持要将环保型聚氨酯胶粘剂成功运用到生产中。

借“6·18”获得转机

如果说之前中科华宇还在埋头苦干，慢慢成长，那么2015年参加“6·18”后，中科华宇则彻底长大了，真正地进入世人的眼界。

2015年，中科华宇带着“系列环保型木材聚氨酯胶粘剂研发与产业化”项目参加“6·18”，扩大了中科华宇的影响力，省内甚至国内相关人士都注意到了这个环保胶。借助“6·18”平台，中科华宇与更多同行进行了深层次交流互动，获取了有益的创新信息和合作机会。

虽然从用胶量、加工工序、使用效果、健康等多方面综合来算，环保型木材聚氨酯胶粘剂比普通的胶粘剂成本低三分之一，但企业采购时往往只看销售价格，对生产过程的节能降耗很难体认，所以在推广上，中科华宇通常会先提供样品给木材加工厂家免费试用。“一般如果有十家企业试用了我们的产品，至少九家会购买。”林超介绍道。

通过“6·18”的宣传，中科华宇的环保型木材聚氨酯胶粘剂口口相传。公司销售人员骄傲地说：“现在我们的客户更多都是大家推荐过来的。”

>>>2012年中科华宇董事长林进祥在“6·18”合影留念（企业供图）

“不断攀登科技高峰，以创新驱动赢得未来”，这是林进祥一直坚持的经营理念。正如林进祥所说：“跟在别人屁股后创业只有挨打的份，只有敢为天下先，做别人没做过的事，企业才能不断创新与发展。”在这样的理念指导下，中科华宇走出了一条以企业为主体、以市场需求为导向的科技创新之路。

永强岩土：创新从“基础”突破

王娟　刘应平/文

“在人们发现新产品好用之前，是很难发现旧产品的不足之处的，第一个去创新的人成功后会收获许多赞誉，但也会面临更大风险，创新就是一个冒险与不断试错的过程。” 对于创新，福建永强岩土股份有限公司（下称“永强岩土”）董事长、高级工程师许万强这样总结道。

正是凭着敢为人先的冒险精神，永强岩土的活力从闽西龙岩这座小城中不断散发出去，其优质的服务从陆上拓展到海上，从龙岩辐射到了世界各地。

创新需要精心谋划

许万强告诉记者：“我们公司主营地基基础工程，我自己对桩基施工设备及施工工艺等存在的问题一直深明于心。首先是造价问题，另外，使用常规的泥浆护壁冲（钻）孔工艺时，泥浆污染严重，冲击成孔振动较大，造成噪声污染的同时也会对周围建筑、道路设施等产生一定影响。基于成本、环保与安全的考虑，永强岩土最终决定从这里开始改变传统工艺。”

在项目正式启动以前，永强岩土就引进开发了小断面静压预制桩技术，2001年又引进水泥粉煤灰碎石桩（CFG桩）地基处理技术。“这不仅为我们公司带来了相应的经济积累，更为后续创新打下技术基础和经济基础，增强了公司技术团队的信心。”许万强说。

事实上，刚开始，永强岩土跃跃欲试想加以改进的工艺，并没有马上获得相关单位的认可。“毕竟基建工程涉及公共安全，考虑到对附近房屋与人员的影响，政府更是制定了大量严格的标准，而业内许多专家当时也提出了反对意

>>>桩架式高频液压振动锤（企业供图）

见，认为我们的地质并不适合这么做，既冒险又毫无必要。"许万强坦言，这些反对的声音他早有耳闻，但市场需求发生改变让其不得不马上实施技改。在调研了国内外桩工机械设备市场基础上，永强岩土更加坚定了前进的步伐。

2006年，永强岩土引进了第一台美国APE200-6高频液压振动锤，该设备在国外主要运用于港口码头的施工上，在工业与民用建筑桩基施工方面还未得到应用，因此，围绕先进设备展开的技术开发还是得靠自身。

许万强也谈到，新技术试验与实施，须与勘察单位、设计院、监理单位、建设单位、审图所等部门沟通交流，以行业规范为依据开展工作。如果企业只有一台先进设备，缺乏相关理论分析与配套工艺，是无法说服这些相关部门的。"前期我们开展了大量的沟通工作，希望能够获得一个实践的机会，解决了这些后顾之忧，我们的团队才能专心地扎进技术研发之中。"

在面临多方困难的情况下，永强岩土想到了进行产学研合作，邀请来自福州大学、福建工程学院等知名专家一起进行开发研究，一方面获得理论帮助，另一方面利用专家的影响力来说服相关设计院、勘察单位等。

岩土技术的本土化

“当时我们从美国购买的这台高频液压振动锤，具有绿色环保、振动小的特点，在国内是率先引进的，时至今日，可以很骄傲地说，我们在实际应用方面比卖这套设备的公司还更了解它，有时他们还要向我们请教譬如某种地质是否适宜使用的问题。”永强岩土总工程师郑添寿笑言。

成功的背后凝聚着公司团队孜孜不倦的钻研。2006年到2010年的这几年间，永强岩土一直致力于实现全套管施工工艺及其配套施工机械的加工应用与改进试验，在国内率先对桩架进行了改造，采用步履导向式桩架悬挂高频液压振动锤方式，结合钢套管、旋挖钻机等配套设备，开发全套管大直径振动取土灌注桩施工工法，并在此基础上，开发全套管旋挖孔桩技术、全套管旋挖扩底桩技术、全套管旋挖咬合桩墙技术。

“最艰难的一段时间，是在泉州大桥工程上进行第一个工地试验的时候，那时候我们信心满满地向业主保证，一定会更快更好地完成，甚至夸下海口，跟对方说会提前完成工程，可事与愿违，当时设备放下去的时候我们就发现钢管根本没有办法很顺利打下去，地质实在太硬了。”郑添寿回忆起了一段艰难的试错经历。

按照今天的效率，一天就可以打下10根桩，而在当时，公司要花一个月才能完成。郑添寿介绍，在心里没底的情况下，大家经常晚上开会，总结白天发现的各项问题，并邀请大批施工经验丰富的专家，多次召开研讨会，探究到底是设备的原因还是取土器的问题。

在泉州大桥的试验失败以后，永强岩土又花了半年时间来改进。郑添寿诚实地谈起了自身感受：“其实心里挺憋屈。我们本意很好，想着改进工艺是为业主节省成本，可失败后受到的指责实在太多了，现实并没有给予我们犯错的机会。不过事后换个角度想，这也是在鞭策我们不断成长，不断向成功靠近。”

之后，考虑到高频液压振动锤的特点，针对不同土层，永强岩土大力改进取土器，自主研究开发了适用于坚硬土层与软弱土层的取土器。譬如对高强度岩层地钻进，采用潜孔锤嵌岩施工，而需要扩头施工时，则采用相应扩孔器即可。

苦尽甘来，郑添寿讲道：“之后在永定华府项目上，我们的这套施工办法最终试验成功，帮业主节省了好几百万元。2010年到2011年，我们在三明地区首先推广全套管技术，建成年施工规模为3万立方米的大型建筑基础工程灌注桩施工成套设备2套，并立即进行施工技术培训与施工工艺的营销，推广和规模应用全套大直径振动取土灌注桩施工工艺。”

乘“6·18”东风发力海上

因开发的新技术环保、经济，可有效地保证和提高灌注桩施工质量和施工进度，该项目获得福建省科技进步三等奖、福建省专利三等奖。2009年，该项

>>>2016年“6·18”，永强岩土公司成立院士工作站（企业供图）

目又获得了福建省发改委“6·18”专项资金扶持。“项目应用转化期间，政府部门、专家等都会定期来公司跟踪项目的进展情况，了解项目在工程中的应用情况，提出建设性的指导意见，积极对公司成果转化进行指导和培训，组织公司项目验收等工作。”董事长许万强介绍道。

“‘6·18’的肯定与支持，大大增强了公司的研发信心，鼓励我们不断去推广技术。目前我们公司的技术中心一直都在主动对接产学研工作，与浙江大学、同济大学、福州大学、福建工程学院、福建省建筑科学研究院、福建省地质工程勘察院等科研机构，建立了紧密的横向科研合作，同时还与龙岩市科技局、发改委等相关部门建立良好的信息互通机制，积极组织全公司的创新工作。”许万强感慨，“6·18”播下的种子终将在未来成长为一片绿荫。

专业技术上的厚积薄发，为永强岩土打开了全新的局面。继福建市场之后，2010年该公司将市场拓展到广东、江西等地，并在2012年转战非洲市场，先后进入尼日利亚、肯尼亚、埃塞俄比亚、坦桑尼亚等国市场，以技术标准输出形成当地标准。

>>>支腿式海洋勘察平台船“永强壹号”（企业供图）

值得一提的是，区别于传统的岩土工程施工企业，永强岩土提出“技术营销”的理念，在参与岩土工程竞标时，向发包方免费提供岩土工程设计咨询方案，即依据项目所在地的地质勘查报告，进行解决方案设计，结合岩土工程的质量安全、项目造价、建设工期等，为客户提供技术咨询服务，并协助用户梳理招标需求，提供附加值高的增值服务，真正将技术作为企业发展的核心竞争力。

创新的脚步不会停止。在国家号召和政府鼓励之下，永强岩土又将技术研发触角伸到了新能源领域。2016年"6·18"期间，永强岩土成立了院士工作站，引进中国工程院院士、浙江大学教授龚晓南团队，从事海上风电岩土工程的研发工作。

事实上，福建省海上风电场地质特点较复杂，基岩面以上沉积层厚度不一，海上桩基施工面临着入岩困难，可供嵌岩施工的时间周期短，缺乏成熟的、经济合理的嵌岩桩施工工法等难点，但是，经过联合技术攻关，永强岩土与各专家团队成功研发了超大直径嵌岩钢桩施工工艺SRS工法，并逐步形成了海上风电桩基施工的优化能力。2017年3月12日，其自主投资的福建省第一艘支腿式海洋勘察平台船"永强壹号"出海，顺利完成华电福清海坛海峡海上风电场勘察钻孔任务。

南阳实业：一头插上科技“翅膀”的猪能“飞”多远？

蒋巧玲/文

在闽东宁德，有这样一家产猪、卖猪的企业，在20多年的时间里，它不断突破，寻求创新，发展出有13个经营实体形成的集团。2016年，其综合产值达到16亿元！

它就是福建南阳实业有限公司（下称“南阳实业”）。今天，我们来说说它的故事。

>>>南阳实业种猪育种基地（企业供图）

技术转化——“长出翅膀”

南阳实业的由来，要从一份市场调查说起。

20世纪90年代，宁德市蕉城区年消费生猪约10万头，本地自给率仅为50%，缺口5万头商品猪、2万头猪仔。按当时每头商品猪800元、每头猪仔300元的价格计算，蕉城区每年有4600万元的资金流到浙江、江苏等地。

南阳实业的创始人、董事长乐玉海在这里看到了商机。1995年，他投资建厂，开始专营生猪养殖。

几年之后，随着养殖规模的扩大，南阳实业碰到了新问题。“传统屠宰是热鲜屠宰，猪宰杀出来之后温度高，很容易滋生细菌。”南阳实业屠宰事业部总经理王英介绍，热鲜屠宰的猪肉在肉摊上摆上一天，色泽和口感都会变差，还容易滋生细菌。受制于此，其猪肉只能在宁德出售。

>>>南阳实业的屠宰加工车间已全部采用冷鲜屠宰（企业供图）

想要走出去，就必须在工艺和技术上找路子。

2003年，首届“6·18”项目成果交易会在福州举行，正在寻找兴业契机的南阳实业慕名而来，在这里切身体会到了科技的力量、创新的冲击。2004年，南阳实业不再只是“6·18”的参观者，他们与福建农林大学食品工程设计研究所成功对接，签订合作合同，着手共同实施“包装分割肉加工保鲜工艺技术及产品开发”成果转化项目。

“这项技术的关键在于，把传统热鲜屠宰改为冷鲜屠宰，猪肉从生产到销售，全程保持在0℃~4℃的低温范围。”更令王英欣喜的是，在低温过程中，猪肉不仅不易滋生细菌，肉里的乳酸还能有效分解并挥发，极大地改善了猪肉的口感。

解决了保鲜问题后，南阳实业的猪第一次“长出了翅膀”——它“飞出”闽东，供应市场一路铺到福州、莆田等周边地市，专卖店和销售网点也迅速扩张至30多个，日供应猪肉量达5000多吨，年新增产值4500万元。

持续研发——“羽翼渐丰”

事实上，从2003年首届“6·18”项目成果交易会举行以来，南阳实业已经连续参加了14届，一届都没落下。在“6·18”这个平台上，南阳实业也是收获满满——

2005年第三届“6·18”，南阳实业与华中农业大学养猪科学研究所对接了“瘦肉型猪系列化新品系选育及规模化养殖与产业化”项目。该项目系中国工程院院士、华中农业大学教授、博士生导师熊远著主持开发的新技术。

2011年第九届“6·18”，南阳实业和天津科技大学食品工程与生物技术学院对接，进行低能耗特色保健肉制品深加工项目合作。

对“6·18”的钟爱，还只是南阳实业探索创新的冰山一角。

享受国务院特殊津贴的原华中农业大学教授、南阳实业总畜牧师范春国告诉记者，为了给企业的发展提供源源不断的动力，公司成立了福建省南阳种猪育种企业工程技术研究中心、宁德南阳养猪科学研究所两大科研机构，并聘请熊远著院士为公司的首席科技顾问。

>>>南阳实业在宁德市的猪肉专卖店受到市民欢迎（企业供图）

依托两个科研机构雄厚的技术力量，南阳实业开展了瘦肉猪分子生物育种、高端饲料新产品研发、疫病控制研究等课题。“我们还和中国农业大学、天津科技大学、华中农业大学、福建农林大学等院校开展长期产学研对接，联合进行科技攻关。”对于企业20多年来的种种科技创新，范春国如数家珍。他介绍，因科研能力突出、科研成果显著，企业还先后承担了多项国家级、省级研究开发任务。

坚持不懈的研发和创新，让企业载誉无数，2005年，南阳实业被国家商务部授予“国家生猪活体储备基地”，2013年，南阳九都种猪育种基地被认定为“国家核心育种场”。

目前，南阳实业已在宁德市开办多家猪肉专卖店，受到市民欢迎。

集团经营——“翱翔万里”

2006年，南阳实业的食品加工开始投产，随后，粮食储备贸易、饲料临海码头等经营实体也先后建立……

如今，南阳实业围绕生猪养殖，已经配套形成了种猪生产、饲料加工、生猪屠宰、无公害猪肉连锁专卖、生物有机肥生产等13个经营实体，建立独具特色的生猪产业集团。

那么，插上科技“翅膀”的猪究竟能“飞”多高？南阳实业副总经理阮绍明提供的一组数据似乎是个可参考的“答案”。

据统计，目前南阳实业已实现年生产销售优质种猪4万头、商品猪24万头、优质饲料6万吨、定点屠宰生猪12万头、连锁专卖无公害猪肉8500吨、猪肉加工食品1.2万吨、粮食储备贸易5万吨、码头年吞吐货物60万吨、生物有机

>>>南阳实业生产车间（企业供图）

肥1万吨……2016年，公司创综合产值16亿元。

这些数据，让13年来在南阳实业专注研发的范春国感到欣慰：“这是企业不断创新的结果，它让南阳实业实现了猪肉产品从基地到餐桌的一条龙生产目标，也建立了全程可追溯的食品安全体系。”

据了解，下一步，南阳实业还计划再增投资6亿元，争取带动就业3000人，实现年创综合产值21亿元的目标。其间，相关的研发不会断，而插上科技“翅膀”的南阳实业也将继续“飞”下去。

采写手记:

从一个小小的养殖场，发展成农业产业化国家级龙头企业，南阳实业依托科技创新、不断提质增效的发展模式，是中国企业发展的“创新样本”。

不仅如此，其13个经营实体，从生猪养殖、食品加工到流通服务，横跨了国民经济的第一、二、三产业。在目前中国传统养殖业的产业化进程中，南阳实业的发展之路也同样具有“产业样本”意义。

第二章　内生动力——创新才会赢

在市场竞争日趋激烈和发展动力转换的形势下，企业应该成为技术创新决策、研发投入、科研组织和成果转化的主体力量。要在市场竞争与转型升级中立于不败之地，就必须创新，创新对于一个企业来讲就是寻找生机和出路的必要条件。“6·18”平台所创设的科技同经济对接、创新成果同产业对接、创新项目同现实生产力对接，为企业转型升级与应对市场竞争集聚了真正内功。创新与大小无关，关键在于是否可以解决企业生产中的难题，是否可以为企业创造可观的经济效益。对于企业的科技创新，有时小小的发明创造却可以驱动产业的发展，爱创新才会赢！

大地管桩：职工“小发明”　企业大动力

辜英　刘应平/文

见到江雪云时，他正穿着工作服，手中拿着白色头盔，神情淡然。

在谈话中，我们了解到江雪云16岁时选择就读锅炉运行与维护专业，1989年中专毕业，2004年加入福建省大地管桩有限公司（下称“大地管桩”）。

对于当年的情景，他记得很清楚。

“我是4月21日来到公司，一开始从最基本的司炉工做起，没有想过很长

>>>江雪云正在介绍“管桩生产压蒸釜余汽回收系统”（刘应平/摄）

远的事情，反正一天一天地干、一步一个脚印地走。"

13年过去了，江雪云变成了江组长、江班长，直到如今的江主管。车间主管这一职位赋予了他更大的权力，也给了他更多的责任。

也就是他，几年前承担公司的"管桩生产压蒸釜余汽回收系统"的技术攻关任务，解决了公司发展中的重大难题，并且获得"6·18海峡两岸职工创新成果展"金奖，为企业职工发明创新的热潮再添了一把火。

节能环保逼着我们创新

江雪云的讲述将我们带到了2011年：

"2011年以前，公司一直是两个生产车间。根据产能需要，这一年开始准备上第三条生产线，然而当时相应的锅炉只有两台，环保部门和锅检所并不批准我们第三台燃煤锅炉的使用。两台锅炉的实际蒸发量是19吨，按照我们预计的三个车间9台高压釜需要的热能，则需22吨左右，这就有了3吨左右的缺口。如何利用两台锅炉的热能去满足第三条生产线的需要呢?

"此外，在高压蒸汽养护工艺中，会产生大量的余汽与高温冷凝水热能，譬如当恒压为10公斤的时候，降压过程中釜与釜对导可以导出5公斤，剩余导不动的部分只能对空排放，蒸压釜中的汽实际上是含碱性物质的，会造成空气污染，另外汽水混合物直接从釜底下排放，水的碱度会达到13左右，直接排放也会对环境造成危害。

"我们就想再次回收利用这些对空排放的汽与汽水混合物，这会不会正好给我们带来新动能，实现节能减排的双重作用呢？我们开始是从内部工艺着手。我们设想，将高压釜开式排空改造成闭式排空，通过闪蒸、引射将余汽直接引导到下一个空釜直接利用。当余汽、冷凝水完成第一次利用后，仍有大量低于100℃的冷凝水，将该部分冷凝水通过热交换器对锅炉软水进行预热，一般情况下可将锅炉软水提升30℃，使水温达到60℃～65℃，从而达到进一步节煤的效果。冷凝水在热交换后，水温仍有70℃，可再一次用于砂石的化冻（北方冬季），从而使余汽、冷凝水的热能实现梯级利用。"

摸着石头过河

时间很紧，江雪云带着团队说干就干。2011年5月，大地管桩成立了以公司总裁杨金辉为首、江雪云为主导，再加上公司副总经理杨晓彬、车间主管林成组成的四人团队，开始这个项目。

项目一开始，他们就遇到了难题。“我们以前都没有核算过这样产生的汽量到底够不够用，在没有这些数据参考的情况下，我们的余热回收与锅炉改造到底能不能达到第三个车间的满负荷生产运行要求呢？”江雪云说，其实当时没多少把握。

那个时候，国内行业中根本没有人在做这个事情，他们只能摸着石头过河。前期，他们通过网络查资料，并凭借着自己的实践经验去摸索，不懂的就去找专家请教、咨询。

“我们首先从各个车间挤出地方，在保证便利和安全的前提下，一个星期就确定了一个地方作为余热回收设备安装平台。”江雪云回忆说。

“接着就是设计管道线路环节，我们也是边试验边改造。比如水路没办法很顺畅地进行余热交换，我们就想办法分开，蒸汽的回收放在蒸压釜区域，水则在锅炉房进行热交换回收。”

后来，他们利用当时还是德国进口、现在已完全国产化的乏汽引射器，经过设备安装、适用调试等过程，获得满意结果。当年6月开始，大地管桩同时投入建造两套设备。

“记得到了那年底，因压力差原因，废气还是没能完全回收利用，回收利用率只能达到70%左右。同样的，在废水回收中，因为距离远，高压釜与锅炉房管道中阻力大、水量小，加上能耗，还是没办法把热量完全收集起来。为此，我们又去请教福建省锅炉特种设备检验院的专家解决压强问题，后来经过三番两次查找，才发现是乏汽引射器喇叭口太大等原因造成的。”讲到曲折艰难的技术攻关过程，江雪云依旧神态平静。

节能环保这件“小事”

采访中，江雪云对技术攻关的介绍滔滔不绝，然而，当问到为这个项目付出多少艰辛时，江雪云沉吟良久，答道：“我们自身是没有节假日概念的，那时年三十中午放假，初二就要赶着上工，我们对加班不加班没有什么感觉，反正一件事情摆在这里，多迟你都要去尽力做完，我觉得这都是我们分内的事情，也不是多大的事。”

皇天不负有心人，2012年5月，“管桩生产压蒸釜余汽回收系统”大功告成。通过计算和现场测试计量，公司6台釜在用，每月总釜数约300釜，每年约3300釜，共计可节约1519.5吨标准煤。

>>>江雪云领取“6·18海峡两岸职工创新成果展”金奖（刘应平/摄）

2012年，大地管桩携该项目参加第十届“6·18”，获得了当年“6·18海峡两岸职工创新成果展”金奖。这之后，许多国内专家学者慕名前来考察。2013年8月，浙江嘉兴学院管桩应用技术研究所所长、高级工程师蒋元海来到大地管桩，认可并称赞这项技术的节能环保意义。当前全国有近700家管桩生产企业，在使用的高压釜超过5000台，如推广使用该项技术，节能效果十分可观。

谈到获奖，江雪云并没有感到特别骄傲。他说：“在大地管桩，一切创新都是再正常不过的事情，同样，不断探究节能环保新方法也是大地分内的事情。”

共建创新舞台

“我们在做第一套回收系统时，因为是在反复改进中逐步完善的，前后花费了一百多万元。到了第二套时才把成本降到四五十万。我记得当时领导对我说，有什么困难一层一层地来，不要怕失败，这给了我很大的支持。”江雪云谈道。在项目研发期间，公司高层给团队提供了足够的试错的机会和空间。

这件节能环保的“小事”能办成办好，离不开大地（中国）控股有限公司总裁杨金辉。杨金辉在采访中表示：“我们愿意去承担失败后的风险，愿意花时间、精力去解决困难，因为我相信创新无处不在，任何情况下都会有办法解决问题。在我们公司，像江雪云这样的人还有很多。”

>>>大地（中国）控股有限公司总裁杨金辉（企业供图）

杨金辉坦言，2004年公司成立初期，遇到市场需求趋弱等各种不利因素，产品遭遇难销境地。大地管桩剑走偏锋，将不易运输的管桩产品供给台湾的台塑集团，自此正式打开了大地管桩的大市场。“在与台塑集团对接过程中，我们发现他们要求真的很高，这样的高标准促使我们不断去创新升级。现在，我们也一直和福州大学、福建工程学院等高校合作。”

“2012年，我们的项目获‘6·18海峡两岸职工创新成果展’金奖，这对于我们来说意义重大，它为我们公司职工发明创新的热潮再添了一把火。‘6·18’这个平台为真正创新的人提供了一个更大的舞台，它鼓舞了我们公司甚至整个行业中的人不断去钻研探索，靠自身能力获得精神与物质上的收

>>>大地管桩与中建海峡签约（企业供图）

获。"杨金辉感慨万千地说道。

由于杨金辉一直坚持着"创新无止境，全员重参与"的理念，公司制定了一系列制度鼓励员工进行创新。正因为如此，目前大地管桩已自主研发了40多项专利技术，其产品不仅运用于温福铁路、福州宝龙广场、福州万达广场以及金源地产、宝钢德胜、台塑集团、富士康等大型企业的工程项目，也远销越南、菲律宾、印度尼西亚等国家和地区，成为福建省首家出口国外且销量最多的管桩企业。

大地管桩在创新的路上不断探索，一路走来，创新让"大事"变成"小事"，让节能环保这件"难事"变成了一件企业上上下下合力成就的"易事"。

坚强缝制设备：小企业也有大梦想

刘应平 /文

4月6日下午，笔者来到位于仙游县枫亭镇九社村的莆田市坚强缝制设备公司。没有现代化的流水生产线，也没有宏伟的厂区面貌，在这略显局促的厂房内，林秀椿和他的两个儿子却创造出了众多先进智能的缝制机器，获得了近30项专利，走出了一条小企业的“创业、创新、创造”之路。

>>>2012年“6·18”，莆田市委书记梁建勇参观坚强公司发明的切带机展示（企业供图）

创新发明“父子兵”

林秀椿告诉记者，他的父亲是个裁缝师傅，林秀椿从小就对各种缝制机械十分好奇，经常自己捣鼓。成人后，林秀椿成为某服装厂的一名机械维修工，终日与各种缝制机器为伴。多年后，他逐渐成为行业中的"老师傅"，陆陆续续带出了几十个徒弟。

在众多弟子中，他最疼爱的是自己的两个儿子。"兄弟俩十多岁时，不爱读书，我也没有勉强，干脆就让他俩跟我当学徒。2000年，我们开始在莆田开店，我记得当时是寒冬腊月，店里有个加急订单，两个儿子都很懂事，手都冻得通红了还在加班修机器。"林秀椿眼里泛着泪光说道。

切带机是纺织、鞋服、箱包等企业常用的加工机器。长期和机器打交道，林秀椿越来越感到手中的切带机存在不少缺陷，"它功能比较单一，只能切断，不能加工成各种各样的样式，还需要人工修剪，损耗大，维修成本居高不下。我就想，能不能发明一种新型切带机来解决这些问题。"

由此，林秀椿从一名机修工转型成为缝制机器研发人员。他花费大量心血进行研发，经过三年攻坚，终于制造出了第一台稳定可靠的新型切带机，可以把织带裁切成圆形、锥形等多种样式。

2011年，林秀椿在家乡莆田创办了坚强缝制设备有限公司，把发明成果变成自己的创业项目。

"我们的切带机优势很突出，价格比原来的便宜一大半，但能加工的款式多，也节省人工，使用寿命更长，性能也更为可靠。"林秀椿自豪地介绍。这台机器能为国内制鞋、制衣、制袋等企业节省生产成本，创新新产品，在温州、义乌、广州等地都很受欢迎，还远销印度与越南，每年销售量达数百台。

>>>林秀椿向我们介绍切带机（刘应平/摄）

在此基础上，林秀椿与两个儿子又共同开发出了圆角切带机、超声波切带机、智能切带机等。2012年，还开发完成切流苏功能，并使机器操作更加便利、功能更加多元化。林秀椿乐观豁达的性情也遗传到孩子们身上，一家人都成了快乐的“发明家”。

谈起两个儿子，林秀椿感到非常欣慰。在发明创造的道路上难免遇到各种挫折，好在有两个儿子的帮助和支持。“那时，我们跟着涵江的师傅学习线切割，我儿子志强3天就学会了，而我却足足学了1个月！”

采访过程中，林秀椿小心翼翼地取出了他们一家最珍视的财富——一大沓专利证书，共有29项专利，其中发明专利8项，实用新型专利9项，外观设计专利12项。此外，绷缝机缝合船袜、超声波模具花轮、船袜下料定位器等8项专利已提交申请，正等待审核。

操心的企业家

这些年，林秀椿他们坚持走访全国各地的工厂，分析大大小小的市场，依据市场行情来指导产品创新、发明。林秀椿向记者说：“创业初期，我们只能走薄利多销的道路，慢慢依靠技术加强自身的实力，让更多厂家看到我们产品的优势。”

“要想别人没有考虑过的问题。”莆田本地的新飞天鞋业、双凤鞋业等企业，一般购买十多台切带机就够了，但对裁切刀的需求却源源不断，一年都要买走几十套裁切刀。根据裁切刀用途的不同，林秀椿又研发出几十款新式裁切刀，打开了销售市场，形成机器与刀具“并驾齐驱”的局面。

此外，林秀椿还发现，该行业存在没有切带机标准、没有检测指标数据和不规范生产等问题。2012年7月，林秀椿制定企业标准。2014年3月，他进一步修正企业标准，并在省企业标准信息公共服务平台备案。公司先后获得福建省知识产权优势企业、国家高新技术企业、国家知识产权优势企业等称号。

“6·18”助力小企业实现大梦想

“我们有自己的核心技术，就算是参加大型展会，一点都不怯场。”林秀椿笑着说。

>>>2016年“6·18”，坚强公司与福州大学机械工程及自动化学院签下项目合作协议（企业供图）

早年，林秀椿带着开发出的第一台新型切带机参加“6·18”。“正是因为‘6·18’平台，福州仓山区和福清市很多专门生产‘人字拖’的鞋厂来找我购买机器。原来两条关键的鞋带要靠人工剪，但我的切带机可以自动裁切，所以很受欢迎！”林秀椿怀着无比感激的心情说道。“6·18”不仅增加了林秀椿的客户群体，其代理商队伍也逐渐壮大。

初尝甜头的林秀椿，成了“6·18”的常客。他不仅为产品找到了更广阔的销路，而且还在与智能型企业的对接中，实现了由制造向“智造”的飞跃。

“那时，我想开发一种‘智能切带机’，采用电脑自动化控制、机电一体化、传感、智能控制等技术，开发多功能切带机设备，提高设备的利用率和实现个性化生产。”林秀椿介绍，2015年的“6·18”上，他们与福州天虹公司对接，并于当年11月与福建工程学院签约共同开发。通过与高校的产学研合作，让产品不少功能实现智能化，如增加多种自动提示功能，使一人可以值守几台机器，节省大量人力成本，提升效率。现在，林秀椿正在解决仪表盘的温度适应问题，产品推向市场已指日可待。

2016年“6·18”，林秀椿又与福州大学机械工程及自动化学院签下项目合作协议，共同开发“物联切带机”，采用传感器、无线通信及自动化控制等技术，实现远程对设备的实时监控、智能管理、数据传输等功能。

“此外，我们的切带机还增加了语音播报功能，实时播报工作情况和故障情况，使操作的工作人员能及时掌握设备情况，方便维修，真正实现信息化和物联化。”一台小小的切带机，激发了林秀椿心中火热的创业和创新激情。

“感谢‘6·18’成全了我们小人物的发明创造梦想。今年我们参展‘6·18’，准备将公司目前研发的船袜制作工艺技术带过去，现场制作，与观众互动！”林秀椿充满期待地说道。

国网泉州电力：小革新成就大发明

辜英　李智超/文

在国家电网泉州供电公司（下称“泉州供电公司”）的办公和生产场所，你都可以看到一种由多个LED灯组成的60瓦灯具，功耗不到250瓦金卤灯的四分之一，却能提供相当于250瓦金卤灯的照明度，这个灯具的发明者就是来自泉州供电公司的职工彭如家和洪文辉。

这项名为“多功能供电方式LED应急抢修照明装置”的发明荣获“6·18海峡两岸职工创新成果展”金奖，并获得第十一届法国巴黎国际发明展览会金

>>>洪文辉（左）与彭如家（右）获奖合影（程志龙/摄）

奖和全国发明展览会金奖。对此，彭如家激动不已："原只为'省一些钱'，没想到还能获奖。"

"无心插柳"造就新发明

彭如家时任泉州供电公司物业公司的经理，负责泉州电力系统的后勤保障工作，他用"无心插柳"来形容自己的发明过程。

"我的初衷只是希望减轻维修时的工作量，节省维修成本。"2007年初，彭如家从泉州供电公司宝洲电建公司调到物业公司，负责泉州电力系统40多个变电站的后勤保障工作。有一次一个变电站夜间照明的金卤灯大量破损，"如果全部维修，一盏灯就要100多元，一个变电站下来，至少要花五六千元。而且金卤灯发热量大，插座经常烧坏。这一来二去，可是一笔不小的开支。"彭如家想到，LED灯经久耐损，但是到市场上一咨询，一盏60瓦的LED灯要7000多元。

照明灯是电网员工日常维修最常用的辅助工具，彭如家想到自己在宝洲电建曾经学到的一些技术。"只要找到合适的LED，自己做射灯不就可以了？"他和技术人员洪文辉一商量，两个人就利用业余时间开始钻研。

这一想法看似容易，实现起来困难却是出乎意料的多。他们首先面临的挑战是选择合适的LED，通过经济和技术条件综合分析，最终选择了3瓦的大功率LED。由于焊接的时间和工艺影响着LED的寿命，刚开始，灯点上1～2个小时就烧掉了，这是因为焊接时间过长，温度过高造成的，最后通过在LED上涂上导热硅胶，彻底解决了这个问题。就这样，一个不怎么"完美"的射灯出炉了。

>>>多功能LED灯可以根据工作需要随意摆放（程志龙/摄）

2008年6月，首批几个60瓦的射灯被安装在泉州电业局办公大楼大院内，尽管外观比较粗糙，但特别实用，运行一年多后仍崭新如初。如今，这些灯被广泛应用于变电站照明。

抢修诞生发明新思路

2006年6月，彭如家参与了宁德福鼎抗"桑美"台风保电抢修，到达灾区已是深夜，抢修人员需要卸下物资及抢修装备，只能借用汽车车灯和携带的2盏应急250瓦金卤灯来照明，因照明不足在卸载物资上耗费了大量时间。

供电抢修要求的是速度，要以最快的时间让群众用上电。由于金卤灯需要发电机供给电源，而发电机一次只能发电2～3小时，白天还好，一到晚上，抢修工作就陷入困境，抢修人员只能在晚上8点前就收工。

2007年初，凌晨2点多，泉州市北峰工业区的一根电杆被撞坏，附近整个

>>>彭如家与洪文辉在创新工作室探讨研究（程志龙/摄）

片区都停电了。彭如家和同事赶到那里，使用汽车远光灯照明，这在更换电杆时还能勉强应付，但抢修人员上杆作业时，车灯照不到，此时应急手电筒也只是“杯水车薪”，抢修人员最终依靠着蒙蒙天色才顺利完成工作。

“如何解决紧急抢修时的照明问题？是不是可以将射灯应用到更广的领域？”彭如家想到通过技术革新，改善电力抢修夜间应急照明设备。“应急照明好比射灯的升级版，只要处理好电源就可以。”彭如家的这个新思路为最终获得国际大奖奠定了基础。

破茧而生的大发明

2009年初，应急照明设备的设计原型已完成，不过当时还仅限于依靠车载设备。此后彭如家和洪文辉尝试了几种不同的电源、插座、蓄电池等，但每次出门时，都得带上好几根3米长左右的电线，这让彭如家觉得特别不方便。彭如家和团队请教了高校老师，又研究了许多资料后，成功地发明了便携式应急抢修照明装置。

该装置由便携式太阳能发电蓄电箱、LED照明灯具以及电动底座三个部分组成，功耗不到250瓦金卤灯的四分之一，充满电的情况下可连续工作10个小时。2010年初，该装置申请专利成功。

为适应更为复杂的抢修作业环境，彭如家和洪文辉进一步研发如何让装置可以多角度地照明，为此他们开发了一套智能控制系统。通过遥控，应急照明灯可以实现上下、左右转动，加上配备的手提式太阳能锂电池发电系统，在车辆无法到达或无汽柴油可发电以及抗震救灾、消防应急等特殊环境下均可工作，对抢修而言非常方便。

“只有技术革新，工作才能实现事半功倍。”彭如家不仅带头进行发明创造，还创建了“职工发明之家”，组织业务骨干开展业务技术革新。在他的带动下，该公司已有2个项目获得专利权，4个项目正申请专利权，还有2个科技项目今年刚通过泉州市科技局的科技项目评审。

小发明实现大效益

"又轻便、又好用！"一提起多功能供电方式LED应急抢修照明灯，"第一个吃螃蟹"的泉州供电公司宝州电建配电施工班班长陈志明就赞不绝口。2010年，多功能LED灯研发成功，需要通过实践检验一下是否真的好用，宝州电建配电施工班班长陈志明主动要了一台。

陈志明说："开闭所、配电室大都在地下室或是光线不足的地方，一停电便是漆黑一片。之前施工时使用的照明灯是市场上的LED灯和钠灯，俗称轻便移动灯，其光度为14.4瓦，重量十多千克，每次施工都得备上3～5盏。"

谈起第一次使用多功能LED灯的场景，陈志明历历在目。"那次客户申请增加变压器容量而在开闭所进行停电施工，我们的工作任务是增设一台高压电气柜，并将进线电气柜的电流互感器换大。"陈志明说，"施工的开闭所十分狭窄，新增的高压柜离墙壁仅1米多，如果使用以前的那种照明灯必须要两盏，施工人员几乎就没有落脚地了。"

"电停了以后，将多功能LED灯一打开，开闭所瞬间亮如白昼。多功能LED灯体积只有轻便移动灯的一半，亮度却是轻便移动灯的4倍，在一般情况下，只要一盏就可以满足施工需求。有了充足的光线，工作效率至少提高了10%。"陈志明说。

谈起这一荣誉，彭如家却很谦虚："初衷只是希望减轻职工维修时的工作量。"据悉，该装置目前已在福建省电力系统各基层供电所广泛应用，产生经济效益500多万元。

金强建材：“一块板材”与绿色装配式建筑

辜英　苏婷/文

“你们知道吗？2016年11月，纤维增强无机复合材料行业中最为重要的国际性会议——第十五届纤维增强无机复合材料国际会议在福州召开，我们金强建材可是承办单位哟！”走进金强（福建）建材科技股份有限公司（下称“金强建材”），记者首先听到的是公司员工自豪的“炫耀”。

金强人确实有自豪的资格。福州市花海公园的栈道、国家大剧院、上海世博会中国馆、上海中心大厦、福州地铁1号线的站台、福州海峡国际会展中

>>>金强建材董事长刘金铃（苏婷/摄）

心……这些知名建筑，都有金强公司生产的纤维增强无机复合建材的身影。

"真正的'工匠精神'必定是源于一步一个脚印的坚持。我们十五年如一日地就做了一件事。"4月初的一天，金强建材董事长刘金铃向我们讲述了他和金强建材的故事。

从小立志干一番事业

刘金铃，1977年出生于福建长乐，受当地经商氛围的熏陶，他从小就立志干一番事业。19岁那年，留学日本的他了解到：日本普通建筑多为装配式建筑，并以轻质材料为主，能将一块板材的功用发挥得淋漓尽致，包括用于整个房屋的内外墙，以及后期的软装等。对比之下，国内装饰材料行业组成复杂，板材用途单一。

2002年，刘金铃回国开始了自己的大胆创业，以"用心做好一块板"为目标，聘请日本技术人才，并在2003年以500万的注册资金，在福州创办了金强建材。

"创业初期，我秉持着'乾坤无极，伙伴天下'的企业精神，创新市场运营模式，让利给合作伙伴，正是这种'开放共赢'的经商思维，让更多的人对我们金强印象深刻。"刘金铃告诉我们，"一开始，我就立下目标——用心做好一块板，做精做透。"

因为坚持 起死回生

事情开始并非一帆风顺，装配式建筑理念在当时过于超前，行业前景未知、国内的技术水平无法跟上、生产的板材质量一度不过关等问题接踵而来。2003年，一个投资合伙人放弃了金强建材，撤走了大部分资金。

"那时候公司停产了两个月，整个企业只剩下不到5万元的资金，连生产线需要的器材都买不起。但我还是坚持不放弃，亲身加入一线生产大队，与员工一起搞研发。也许上天被我们打动了，2004年在厦门矿石展销会上，一个新疆植物矿棉的老总在和我交谈20分钟后，立马同意先垫款300万元，就这样雪中送炭般地救了金强。”刘金铃满怀感慨地说道。

“装配式建筑，如同搭积木，所有原材料在工厂中加工好，施工过程中只需组装起来，即可完成建造。因省去传统工艺中的粉刷、装饰等工序，更节能、环保。以房屋内隔墙为例，用我们的硅酸盐板代替厚重的水泥墙，每100平方米可增加4平方米的空间，工期快3倍，施工中产生的废弃物也会大幅减少。”谈到装配式建筑，刘金铃眼里充满了自豪。

三顾茅庐 求得人才

“2017年是金强创立的第十五个年头。一直以来，我始终用心对待每一个员工。”刘金铃告诉记者，“冷弯薄壁型钢结构住宅墙体部品工艺技术产业化项目”的研发者曾文之，就是他“三顾茅庐”从武汉请过来的。

曾文之告诉我们：“因为刘董比我年轻太多，所以一开始我并没有立马答应。2010年7月，刘董再次发出邀约后，我才同意来福建一探究竟。”

>>>金强建材的创新团队（企业供图）

"那时候长乐这边工厂还是初期建设阶段，刘董对着几座山给我描绘了金强的未来蓝图，他对行业前瞻性发展的十足信心深深打动了我。当年8月，我收到了刘董的第三次邀约，被他的用心和诚心所打动，最终选择加入金强，和金强一起成长。"

金强建材总经理黎忠和告诉记者："公司还定期组织员工进行篮球赛、乒乓球赛，观看电影等，丰富他们的业余生活。此外，员工在公司吃住都是免费的。因为我们自己也在生产第一线做过七八年，深知一线员工的不易。"

让利员工　创造创新条件

多年来，金强建材从未拖欠过工人一次工资，即使在创业初期资金遇到困难时，刘金铃宁愿把板材以一半的价格售出，也要准时给员工发工资。据了解，金强公司的员工薪水要比同行业高，公司还采取技术股分红模式回报管理团队。

功夫不负有心人。黎忠和总经理告诉记者，金强建材现已成为国内领先的绿色新板材制造商，拥有21项国家专利，填补多项国内空白，还参与制定行业标准。"我们每年拿出销售收入的3%～5%用于研发创新。"通过多年技术攻关，金强建材自主研发了MDD隔墙板、TKK栈道板、PCI装配式内墙板等多种新型绿色板材产品及GP-PCID钢构房屋系统，在节能、环保与科技创新三方面取得重大突破，保持国内同行领先水平。

创新永无止境。金强建材已将战略目光瞄向了绿色装配式建筑这片"蓝海"。"这个行业的春天即将到来。2016年国务院办公厅印发《关于大力发展装配式建筑的指导意见》中明确了发展装配式建筑是建造方式的重大变革。《福建省装配式建筑"十三五"专项规划》中也提到，到2020年全省装配式建筑产值超过2000亿元，全省城镇每年新开工装配式建筑占当年新建建筑的比例达到20%以上。这些都预示着装配式建筑占新建筑的比例将不断增大，装配式内、外墙体产品的应用将日趋广泛。"黎忠和雄心勃勃地说。

“6・18”助力产学研结合

谈到“6・18”，黎忠和心存感激：“金强走上这条创新之路都是因为‘6・18’。这个平台不仅为金强构建了通往科技殿堂的桥梁，也为金强的发展增添了后劲。‘6・18’展会的对接展示，促进专业采购商与参展商对接。我们得到了政府各部门的大力支持，也得到了更多人的关注。”

“2016年第十四届‘6・18’，我们与省建科院成功对接了冷弯薄壁型钢结构项目。因为冷弯薄壁型钢特殊的结构体系，在墙面、楼面、屋面均可采取部件拼装。相较于普通砖混结构，该项目墙体部件材料总能耗节约30%，二氧化碳排放量减少67%，推动了我国现代建筑产业节能环保技术的应用。金强因为持续技术攻关与创新，产品结构才能不断优化升级，产品科技含量和附加值才会大幅提高。”刘金铃激动地说道。

15年来，金强始终坚持技术创新，重视人才培养，与福州大学建筑学院、东南土木建筑工程学院、武汉建筑材料工业设计研究院有限公司等高校和科研单位，进行多层次、跨领域的科研合作。“下一阶段，我们打算与学校合作，设立金强培训基地，培养装配式建筑专业人才。”刘金铃这样规划着未来。

金强人凭借着在创新路上绝不放弃的毅力，正不断吸收新技术、新成果，积极开发适销对路、高技术含量、高附加值的新产品，促使产品结构不断优化升级，自主创新能力不断提升，从而让金强成为绿色装配式建筑行业的“小巨人”。

瑞之路：一把铁锤砸出来的名牌

刘默涵/文

2009年，周贤建在“6·18”上的“一锤子买卖”为企业砸出了一个光明的前景。如今，瑞之路（厦门）眼镜科技有限公司（下称“瑞之路”）已经成为亚洲最大的PC镜片领军企业。

被拒绝的跨国“相亲”

周贤建和PC镜片的故事，始于2006年。

当时正从事外贸行业的周贤建，在美国参加一个展会时，被一种号称“防弹眼镜玻璃”的产品所吸引。

这种镜片学名“PC镜片”，它比传统树脂镜片轻45%、薄26%，但抗冲击性能却达到树脂镜片的12倍以上，是玻璃片、树脂片之后的第三代镜片。这种镜片应用在眼镜上，能够极大增强对眼睛的保护能力，降低在发生意外时眼睛受到伤害的风险。

周贤建被这项技术深深吸引了。他向美方企业抛出橄榄枝，想将此技术引进国内。“中国这么大的市场，难道不值得美国企业来投资吗？”遗憾的是，落花有意流水无情，美方企业拒绝了他的“相亲”。

>>>瑞之路PC镜片生产线（企业供图）

周贤建被“伤了自尊”，回国后，他思虑良久，“被伤了自尊的最

>>>工作人员正在巡查PC镜片的生产机器（刘默涵/摄）

好回应方式，就是证明当初你没有选择我是错误的。”周贤建决定自己干！

自主创新的“执念”

下定决心后，周贤建义无反顾地进入了自己并不熟悉的领域。他四处物色人才，招来一堆研发人员，项目研发很快就启动了。

做了一年，周贤建就有些后悔了：原本预估2000万科研投入就能搞定的项目，事实上进展并不理想，不断追加的投资像滚雪球一样越滚越大。

“在试制的过程中，每一道工序都有非常严格的质量控制要求，纷繁复杂的关卡只要其中一道出了问题，产品就直接废掉了，每一个环节都挑战研发人员的抗压底线，期间痛苦无法想象。”那些年，周贤建吃不好睡不着。最艰难的时候，他干脆深更半夜跑到工厂，和科研人员们一起讨论。

这样的日子持续了近三年，瑞之路团队终于还是把技术难题攻破了，研究

>>>工厂成品车间一角。检验合格的产品在这里进行最后的封装、打包，发往市场（刘默涵/摄）

出拥有自主知识产权的PC镜片产品。

"6·18"上摆擂台

周贤建对自己的"亲生骨肉"喜爱有加，但表达的方式相当另类。在他的办公室里，摆着一件和企业家身份极不相称的"道具"——一把铁锤！之所以如此，是因为瑞之路的成名，正是靠着一把铁锤。

那是在2009年，产品研发出来，投产了，质量也过硬，看起来距离成功已只有一步之遥。但是，和当初研发阶段遇到的问题一样，推广问题又是一座新的大山横在周贤建的面前。正在这时，厦门市发改委看中了这个好项目，一纸"英雄帖"飞来，推荐他到第七届"6·18"项目成果交易会上去露露脸。

"正想睡觉就有人递枕头，正为市场推广发愁，机会就来了！"周贤建以一个商人的敏锐，捕捉到了"6·18"这一天赐良机："是骡子是马，咱到

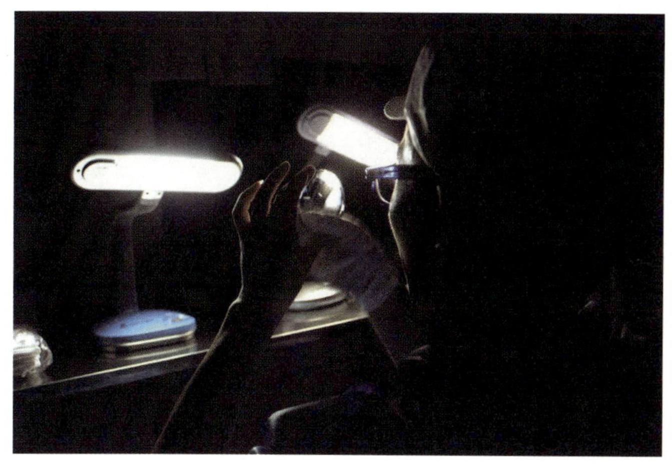

>>>一名工人在黑暗的房间里，利用台灯的照射光源检查成品是否存在粉尘颗粒（刘默涵/摄）

'6·18'去遛一遛！到'6·18'这样的大平台去展示，如果发挥得好，将事半功倍。”

“6·18”是个大平台，在优秀项目云集的“6·18”，没有好的策划创意，再好的项目也有可能被埋没在群星的海洋中。

周贤建此行是志在必得，为此他做了精心的策划——欢迎“砸场子”！在瑞之路的展台前，周贤建发出公告：只要有人能砸碎我的镜片，就奖励1万元。

人们带着好奇，纷纷前来应战，最终都铩羽而归。这一招简单粗暴，却直接有效，让瑞之路生产的PC镜片名声不胫而走，当天就有不少客商找到他洽谈业务。2009年，瑞之路的销售额同比增长了380%。

周贤建走进“6·18”，并不仅仅志在销售，他更加了解“6·18”这个平台在科技要素对接上的重要桥梁作用。而这，正是他彼时的另一个迫切需求。

“PC镜片虽然坚硬，但是却仍然存在镜面会被刮花等不足。”周贤建准备要再升级一下产品，“要做就要做得比国外还好！”

通过“6·18”平台，周贤建顺利找到了几家在这方面具备较强科研实力的院校，并签订了合作协议。

经此一役，瑞之路不仅成功地打响了品牌、打开了销路，而且更进一步导入更为强大的科技能力，逐步发展成集研发、生产、销售为一体的高科技视光企业。

站在“6·18”肩膀上的瑞之路

2009年的“6·18”成为瑞之路发展历程中的关键一步。在这一届“6·18”之后，周贤建成为“6·18”的“铁粉”，每年他都要到展会现场走一走。

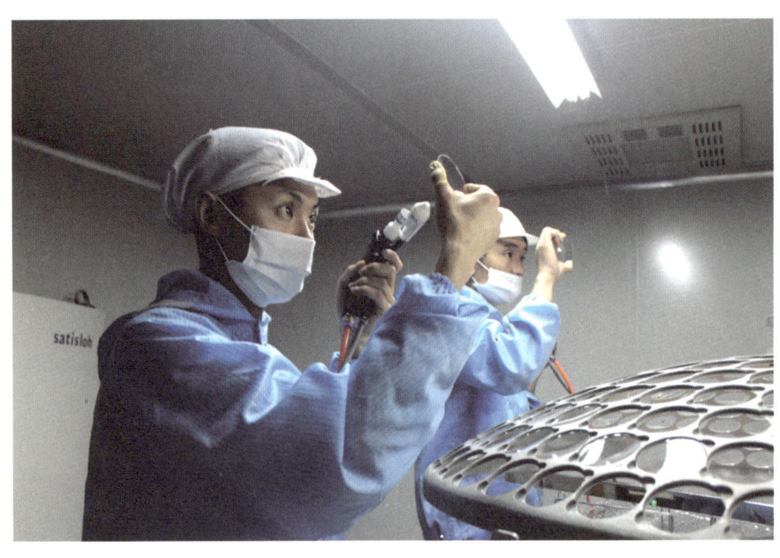

>>>镀膜车间里，两名工人正在给镜片喷洒涂层（刘默涵/摄）

"'6·18'展会是信息对接集聚地、产业对接集散地、资本对接集散地、科技对接集散地、创新对接集散地。"周贤建坦言，通过"6·18"，瑞之路还拿到了政府的相关科技补贴。"钱虽然不多，但是意义非凡。"周贤建说，政府的支持，证明了企业的研究方向是对的，符合国家的产业政策导向，"这既是在微观上为企业发展注入动力，也是宏观上为企业发展把好关。"

近几年来，瑞之路的生产线从2条增加到8条，营业额翻了20倍，瑞之路还是同行业中唯一的国家高新技术企业和唯一受科技部中小企业科技创新基金资助的企业。2015年，瑞之路研发的专利技术荣获国家知识产权局颁发的第十七届中国专利奖，并作为眼镜行业唯一代表入选国家科技成果展。

从当初被国外企业拒之门外，到今天成为亚洲最大的PC镜片领军企业，周贤建以自主创新为自己赢回了尊严。他说，"我们真的打破了PC镜片市场被国外厂家垄断的格局，我们真的能行！"

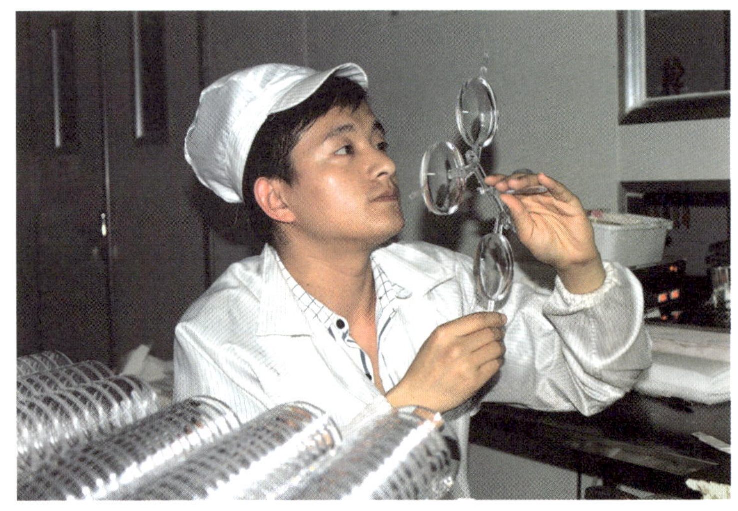
>>>一名工人正在检查刚生产出来的镜片是否存在瑕疵（刘默涵/摄）

当然，周贤建和他的瑞之路还有很长的路要走，“过去我们以外销为主，在国内的品牌建设出现了‘长短腿’，这是接下来我们要补齐的。一方面要做强跨境电商，扩大国际市场份额，另一方面也要做好国内的电子商务，让企业发展更稳健。此外，我们是省发改委今年确定的上市后备第198号企业，上市筹备工作我们做得慢了，要加快推进。”

海安橡胶：成就“中国第一胎”奇迹的背后

刘应平/文

几年前，中国的大型露天矿开采运输过程用到的巨型工程轮胎，全部都依靠进口，全世界也仅仅只有法国米其林、日本普利司通、美国固特异三巨头能够生产。中国的矿产开采业经常因为轮胎出问题而导致矿山车辆停运影响开采工期。这一切被一个叫朱晖的福建人看在眼里，他在心里暗暗发力：我就不相信，中国不能自己生产巨型工程轮胎！

>>>巨型工程轮胎（企业供图）

苦其心志

福建省海安橡胶有限公司（下称“海安橡胶”）董事长朱晖，出生于莆田市仙游县枫亭镇海安村的一个贫寒家庭。16岁时他被迫放弃学业，开始做苦力活。1984年春节，他萌生了创业的念头，带领乡亲们一起去广西百色岩滩水电站工地从事补胎工作，从此和轮胎事业结下了不解之缘。

在补胎行业掘得“第一桶金”后，朱晖并没有满足现状，他的补胎生意迅速扩大到广东深圳、珠海，山西平朔、德兴，贵州翁福，辽宁本溪和湖北三峡等地，并陆续在这些工地建设了轮胎翻新厂，提供轮胎翻新、修理等服务。

“从哪里来，还得到哪里去。国人缺少什么，我就突破什么。”本着这样的想法，2005年12月，在巨型轮胎翻新领域摸爬滚打了10年的朱晖，决定回乡创办企业，向巨型轮胎生产制造领域进军。随即，海安橡胶在仙游经济开发区成立，注册资金1亿元，占地475亩，被列为福建省重点建设项目。

>>>轮胎生产过程（企业供图）

“6·18”助力“中国第一胎”问世

早在公司成立以前，凭着精湛的翻新技术，经朱晖团队翻新后的巨型工程子午线轮胎的使用寿命可达到新胎的70%，达到世界先进水平，为大中型矿山等工程建设项目降低大量的轮胎消耗成本。

>>>海安橡胶与北京橡胶工业研究设计院签约（企业供图）

行业经验有了，但公司所缺乏的仍然是人才。一直以来，朱晖坚信，产品关键在技术，技术的核心在于创新，创新的来源则是人才。海安橡胶创建之初，朱晖就开始四处招募人才，不到半年就召集技术人员近100人，并且出台了一系列人性化的福利体系和有效的激励机制，以提高员工的凝聚力和创造力。

其中，现任海安橡胶有限公司副总经理、技术中心主任的高级工程师黄振华，就是在当时被朱晖发现并招收进来的。在自主研发制造属于中国人的巨型轮胎背后，所有酸甜苦辣黄振华都体味过。

"研发巨型工程轮胎，周期长，成本大，国外技术又严格保密，一开始，我们在设备、配方、结构与工艺等各方面都是空白，除了借鉴原先翻新轮胎时的经验以外，我们毫无办法。"黄振华讲道。

所幸，在第四届"6·18"项目成果交易会上，海安橡胶与北京橡胶工业设计研究院、北京化工大学等单位联姻，一起研制出了中国第一台生产巨型工程轮胎的成型机设备。2008年6月30日，海安橡胶终于生产出了第一条巨型工程轮胎，也就是被誉为"中国第一胎"的37.00R57巨型工程子午胎。

创新攻坚与技改

“坦白来讲，在制作第一条轮胎时，我们的技术还不成熟，其寿命只能维持十几个小时，当时国外生产的轮胎正常寿命是4000个小时，我们的差距还很大！”黄振华如实告诉我们。

“那个时候，从董事长到我们整个技术团队压力都很大。生产一条巨型轮胎成本要几十万，批量生产出来就是上亿的损失，而当时公司用修补、翻新轮胎的资金链来支持研发投入，基本上是处于亏本状态的。”黄振华回忆说，“一切还是得从头再来，迎难而上！搞技术的人，首先是要学会从发现问题到解决问题，所以我就常鼓励我们团队，不能墨守成规，同时要准备好几个方案，不管多麻烦，都要一个一个地去试验。”

>>>巨型工程轮胎成型车间（企业供图）

为此，公司研发团队对方案进行了全面的改进，将第一条巨型工程轮胎一块块切割下来分析。“在关键攻坚时刻，整个技术团队连续坚持了四天三夜，大家都顶着压力上，坚持不懈地去施行新的研究方案，既紧张又兴奋。”黄振华说。

改进后的轮胎下线后，在缺乏相关检测设备的情况下，只能拿到矿山上去试验，看其寿命到底能维持多久，如此又加大了时间成本。顶着各种压力，经过两三个月的试验，海安生产的轮胎寿命达到了1000多个小时，实现了质的飞跃。2009年4月，海安橡胶轮胎生产技术获国家行业部委鉴定，成为国内唯一一家通过标准鉴定的生产厂家。

此后，海安橡胶先后购置了X光机、转速试验机、生热试验机、耐切割试验机等先进的检测仪器和试验设备，将产品寿命从1000个小时逐渐推进到4000多个小时。2012年初，海安生产的巨型工程轮胎开始批量生产，至此，从修补巨胎、翻新巨胎到制造巨胎，海安攻克了一道道前人难以逾越的技术难关，开创了中国巨型工程子午线轮胎产业化的新纪元。黄振华笑言：“可以这么说，中国的矿业都应该感谢海安。”

龙头企业不变的坚持

经过多年的刻苦攻关，海安橡胶在轮胎结构、胶料配方和工艺制造等方面实现了多项关键技术突破，已成功开发全规格系列的巨型工程子午线轮胎产品，先后获得国家发明专利2项、实用新型专利22项、外观设计专利12项，成为行业的龙头企业。

凭借着自身实力，除了在“6·18”平台上实现与各科研机构牵手以外，海安橡胶也得到了各级政府的支持。据介绍，公司在研发初期便得到了莆田市、仙游县发改委的关注，每年都会推荐人才到海安，同时还获得了各级部门积极争取的补助资金，持续投入到科研生产中。

如今，海安橡胶生产的巨型工程轮胎的质量已接近三家国际轮胎巨头，价格却仅是其70%～80%，加上公司常年都有300多名技术人员驻扎在各大矿山提

>>>海安橡胶与本钢集团签订长期战略合作协议（企业供图）

供技术服务，“研发制造+技术服务”的新战略让其迅速打开了国内外市场，先后与国内各个大型矿业集团开展了工程轮胎消耗费用定额承包一条龙服务，并出口到澳大利亚、印尼、巴西、智利、印度、美国等十多个国家。

但不管市场怎样变化，董事长朱晖都始终要求，公司每年都必须将产值的10%用于研发创新，以跟上国际水平。

对此，海安橡胶行政副总廖新明说道：“虽然我们这行竞争力相对较小，但风险很大，现在矿业发展不景气，还不够稳定，企业面临环境比较复杂，无论如何我们的核心技术都一定要过硬，要继续加大研发。”

在廖新明看来，目前，国内鼓励相关技术攻关多集中在船舶、高分子材料等方面，针对轮胎并不多，国内并没有相关技术支持与测试设备，更没有产品标准，这一切全靠海安人的创新头脑与经验智慧，未来的发展道路还很长很长。“我们希望国家也能够看到我们的努力。”廖新明最后真诚地说道。

海纳机械："小屁屁"的高科技与大生意

王雄/文

在福建晋江市海纳机械股份有限公司（下称"海纳机械"）董事长洪奕元的办公室里，没有红木家具，没有古玩字画，甚至连一个鱼缸都没有。洪奕元说："办公室是用来办公的，华而不实的东西我不喜欢。"他最喜欢的两样东西，是办公室里的"一块屏"和"一块板"：一块LED显示屏，可以实时看到车间里的生产状况；一块演示白板，上面记录了今年的订单进度。

海纳机械是一家从事生活用纸机械设备生产的企业，诞生于2011年，是福建首家研发环腰裤生产线机械设备的企业，拥有多项专利，在婴儿拉拉裤领域独树一帜。在短短不到6年的时间里，其主力产品全伺服婴儿拉拉裤生产线在全国单类产品市场的占有率达到40%，排名全国第一。

艰难的决定

闽南人洪奕元，早年在贵州从事纸品加工行业，生意做得顺风顺水。2010年，他带着自己在机械行业的经验积累，回到家乡晋江发展。

"晋江是中国卫生用纸的主要产地，做机械又是我的老本行，把我的老本行和晋江的产业链一结合，就找到了我的独特价值，做卫生用品机械设备提供商顺理成章。"

做机械是个"慢生意"。洪奕元说，公司成立时，他就和股东们约定：做机械研发要大投入，不可能赚快钱，要做好三年不赚钱的准备。

第一年，海纳机械做普通纸尿裤设备，收效甚微。"我当时天天在外跑市场，一年跑了7万多公里，但公司业务却没有多大起色。"如果这是一场长跑比赛，那么这7万公里相当于没有成绩的陪跑。洪奕元意识到，要想在竞争中异军突起，就要“弯道超车”。

2011年底，海纳机械做了一个艰难的决定：转型生产全伺服婴儿拉拉裤生产线。当时，国内婴儿拉拉裤生产线主要依赖进口，一条生产线大约要3000多万元。听说海纳机械要做拉拉裤生产线时，很多同行都在嘲笑，认为这是痴人说梦。洪奕元说服了其他股东，决定投入1500多万元研发婴儿拉拉裤生产线。

>>>海纳机械生产车间（王雄/摄）

600万与3000万

2012年6月，海纳机械的婴儿拉拉裤生产线设计图纸出炉。

由于婴儿拉拉裤生产线是一款新型设备，海纳机械在研发中碰到了各种难题，比较突出的是拉拉裤侧面连接处热合问题。普通婴儿纸尿裤的侧面连接点应用的是魔术扣，而新款拉拉裤的侧面连接则是在生产线上运用高温重压一次成型（此技术称“热焊”），如果技术不过关，很容易产生局部热合不牢固或过热造成热合处焦掉的现象。

发现这个问题后，为了不影响设备的研发进度，在洪奕元的带领下，整个研发团队在生产车间连续10天对热焊进行不断改进，反复尝试，终于取得成功。压合后要用力才能撕开，压力值远远超过纸尿裤检验标准。

2012年9月，在测试了8套新产品后，婴儿拉拉裤生产线终于达到验收标

>>>海纳机械生产车间（王雄/摄）

准，设计速度每分钟450片，稳定速度每分钟350～400片。那一刻，洪奕元和他的研发团队振臂欢呼。很快，海纳机械第一台婴儿拉拉裤生产线成功交付给晋江一家大型婴童纸尿裤生产厂家使用。

这条生产线在国内婴儿拉拉裤产业上可以说具有里程碑的意义，国外一条婴儿拉拉裤生产线每套3000万元左右，而海纳机械的生产线只要600多万元，性价比非常高。

高度决定影响力

婴儿拉拉裤生产线研发成功后，因为是新型设备，客户对设备认可度和技术可靠性存在着疑问，普遍持观望态度，销售并不理想。海纳机械手握"金刚钻"却难揽"瓷器活"，急于寻找销售的突破口。

>>>海纳机械董事长洪奕元在白板上记录订单与增长情况（王雄/摄）

正在此时，晋江市经济和信息化局如及时雨般递来了一把“金钥匙”——推荐海纳机械参加“6·18”项目成果交易会。洪奕元敏锐地意识到，“6·18”这一高端平台是一次不可多得的良机。

2016年6月18日，海纳机械携改良后的全伺服婴儿U型环腰纸尿裤生产线和全伺服婴儿U型拉拉裤生产线参加了第十四届“6·18”。

高度决定影响力，高端平台带来了高端客户。借助“6·18”的平台优势，这家国产机械设备的后起之秀，迅速引起了众多企业的关注。

随后，国内最大的生活用纸和妇幼卫生用品制造商——福建恒安集团有限公司向海纳机械订购了4条生产线。作为行业的领军企业，恒安集团对海纳机械生产线的信任，在同行业产生了积极的示范效应。

“海纳机械的婴儿拉拉裤生产线在中国市场越来越受欢迎。”洪奕元说，目前，该公司的婴儿拉拉裤生产线在国内市场上已占到了40%的市场份额。同时，产品已销往东南亚、中东、非洲等地区。据洪奕元介绍，该生产线预计2017年将带来2个亿的产值。

亏什么都不能亏研发

“6·18”是个高端舞台，但是在这个舞台上如何长袖善舞？海纳机械的体会是：要有与高端舞台匹配的高端实力。

在卫生用品机械设备领域，海纳机械算不上先驱，但却在短时间内完成了一个从追赶者到引领者的跨越，秘诀就是“舍得血本”投入研发。

“亏什么都不能亏研发。”从海纳机械成立之日起，洪奕元就深知研发的重要性。海纳机械刚成立的前两年，在高额亏损的情况下每年科研经费投入仍达上千万元。目前公司每年都会拿出销售额的5%至8%作为研发经费，为的就是走在行业的最前沿，保持科技含量的领先优势，做行业创新的引领者。

“毫不手软”的研发投入，使海纳机械获得了雄厚的技术研发与创新实力，其研发的全伺服婴儿全包围尿裤生产线，不但解决了传统婴儿纸尿裤生产线无法在线成型弹性腰围的问题，还解决了传统纸尿裤生产线PE腰贴剐蹭婴儿身体的弊端；全伺服婴儿U型沙漏裤为全球首创，一经推出即获得市场好评。

2013年9月，海纳机械被认定为福建省高新技术企业，还先后荣获省科技型企业、省智能制造企业、泉州市科技小巨人企业等荣誉称号。6年来，海纳机械累计获得发明专利6件、实用新型专利28件。目前，海纳机械还有15项发明专利处于实审阶段。

建新轮胎：打造轮胎工业民族品牌

肖和勇/文

在建新轮胎（福建）有限公司（下称“建新轮胎”）数百米长的生产线上，设备轰鸣，约500名工人忙碌有序。每天，有3000多套全钢轮胎从这里产出发往各地。

“我们的全钢子午线产品没有库存，一直缺货，产能跟不上。”投产三年间，建新轮胎董事长蔡友志每次说起这个“成绩单”，踌躇满志又忧心忡忡。

等来“金凤凰”

做了17年胎面胶，蔡友志将产品打造成了亚洲第一品牌，顶峰时产值近6个亿。在这个当口上，他决心涉足轮胎行业。那是2008年的事，蔡友志盯上的全钢子午线轮胎生产技术在国内方兴未艾。

最初的两年，举步维艰。蔡友志去广东考察一家轮胎品牌企业，看着一套套全钢轮胎下线后，整装上车就拉走，无比羡慕；长长的生产线上，工人忙碌、身手熟练。

“上哪去找这么多技术工人？”蔡友志说，就算整条生产线都买回来，没有人懂操作，设备也跟“死牛”没差别。

等待终究不是办法，2010年冬天，建新轮胎在福建永安市尼葛高新技术开发区成立，注资1.88亿元，占地面积40万平方米。半年之后，这家苦等“金凤凰”的企业，迎来了发展契机。在2011年第九届“6·18”项目成果交易会上，蔡友志成功与国家轮胎工艺与控制工程技术研究中心对接，双方就全钢子午线轮胎生产技术签订项目合作协议，后者向建新轮胎输出了先进技术和技术

>>>蔡友志与公司生产的轮胎合影（肖和勇/摄）

信息。

这一年，建新轮胎从华南理工学院、青岛科技大学等高校一口气引进二三十个专业技术人才。以这个技术团队为班底，根据国家轮胎工艺与控制工程技术研究中心多次论证后开出的一系列生产设备进行海外采购，同时开始布局厂房建设。福建省永安市当地“6·18”工作团队在此期间也积极帮助建新轮胎协调解决在项目立项、用地报批、资金筹措等环节存在的难题。

2014年5月，建新轮胎第一套全钢子午线产品下线。如今，第一套产品陈列在企业展馆内，背后是一墙的奖牌和证书。

研发力量和技术革新是蔡友志参加“6·18”获得的两条“真经”，并让企业发展受益匪浅。建新轮胎目前已投入约10亿元，其中7亿元花在设备更新上，生产自动化水平逐年提升。投产两年多里，其在技术研发和队伍建设上，斥资超过8000万元。公司现已完成一期建设投资10亿元，可年产全钢子午线轮

>>>建新轮胎厂房外景（肖和勇/摄）

胎100万套。

“轮胎制造是个非常精密复杂的工艺。从研发到上市的每一个环节，我们都希望精益求精做到最好。”蔡友志说，跨入这一行，“当家才知柴米贵”。但为了赶超同行，只能不吝“烧钱”。

技术人员介绍，通过不间断的技术革新，建新轮胎的全钢子午线轮胎比其他同类产品磨耗更少，使用寿命更长。“建新”商标已被认定为福建省著名商标，拥有16项实用型专利，外观专利23项。

突围中的“绝招”

然而，早在2012年，轮胎产能过剩问题已经凸显，产能结构性过剩加剧。以全钢丝载重子午线轮胎为例，国内产能在1.3亿套左右，但市场需求约8000多

>>>工人正在贴标检查即将装车销往各地的轮胎（肖和勇/摄）

万套。另据统计，目前国内生产的轿车子午胎与轻型货车子午胎中，约65%为中低端产品。技术性能低，同质化严重，市场竞争白热化，而国外轮胎厂商又在此时纷纷到中国设厂，“蚕食”市场份额。

“不硬气”加上“狼来了”——到2014年，国内轮胎产业进入了寒冬，全钢轮胎行业销量下滑，价格回落。

在这个时间节点，建新轮胎生产的全钢子午线轮胎首秀逆市迎战。令人意外的是，在此番行业大洗牌当中，这一行业后起之秀并没有被“绞杀”出局，当年，30万套产品迅速脱销，生产亦未中断。到2016年，建新轮胎已实现盈利。

蔡友志说，建新轮胎的突围之道，首先在于把推进“绿色轮胎”产业化作为发展目标。轮胎作为汽车重要的部件，在汽车行驶过程中的能耗占整车能耗20%以上，仅次于发动机。这使轮胎成为汽车节能减排技术创新的重要载体。建新轮胎通过发展环保型轮胎，把自己做强做大，在中国轮胎产业圈里，打造出自己的民族品牌。

除了“绿色轮胎”理念的胜利外，蔡友志早年积累的销售渠道也帮了大忙。在过去的20来年里，他在福建晋江的胎面胶生产企业，与全球600多家轮胎翻新厂家建立了良好而稳定的合作关系。在建新轮胎筹建之初，他已提前布局，联手客户整合资源，构建遍及海内外的100多个销售网点。

“旧业”的红利，带来了效益，建新轮胎自此打开了全球市场。凭借过硬的产品质量，迅速赢得了口碑。当前，结合行业发展态势，这家企业正在对技术、设备进行升级改造，主攻轮胎故障率、耗油量和轻量化等当前行业技术“痛点”。

蔡友志给自己定了一个小目标，用两年左右时间，完成转型升级。“产能将有所增加，但关键还是产品质量，口碑将帮助我们打开更大市场。”蔡友志透露，企业将进一步开发海外市场，推动建新轮胎“走出去”。

龙马环卫：创新让环卫事业变得更“体面”

刘应平/文

在福建龙马环卫装备股份有限公司（下称“龙马环卫”）厂区内，整装待发的各类环卫车整齐地排列着，就像士兵在等待出发的指令。这些崭新的城市文明守护者，即将开赴各大街道，智能、便捷地为城市环卫事业贡献力量。

“坦率地讲，公司发展初期就坚定地抱着一个专做环卫装备的想法。”龙马环卫技术中心副处长黄荣明告诉我们，在公司成长发展的过程中，有一个重大的历史转折点。正是当年那个项目的成功，为龙马环卫形成核心竞争力打下基础。

>>>龙马环卫厂区大门（企业供图）

合作研发攻难关

黄荣明说的项目，正是今天龙马环卫系列产品中最基本也是最主要的清洗扫路车的成功生产。

随着国家经济的快速发展和城市对环境卫生质量要求的不断提高，各地环卫部门加快了城市道路机械化作业的步伐。2004年以前，国内各城市采用的机械化道路清洁设备主要就是洒水车与扫路车。“后来，我们在做市场调研时就发现，洒水车虽不易产生扬尘，但是清洁效果不佳、水资源利用效率低、连续作业时间短，而扫路车则是作业扬尘较严重，两种设备都有需要，但都不够好，当时我们就想，能不能研发一种可以集清洗和扫路功能为一体的全新环卫车型，把上面的问题全都解决好。”黄荣明回忆道。当时国外的清洗扫路车已经有几十年的发展历史了，并已进入智能化阶段，但是进口的车型不但价格昂贵，且售后服务难以得到保障，而我国的清洗扫路车才刚进入起步阶段，国内

>>>致力于让环卫工人体面工作的龙马环卫（企业供图）

企业大都是仿制国外车型，严重缺乏自主核心技术，产品质量备受诟病。

"2007年，我们抱着了解行业前沿信息的想法参加了'6·18'，在这个平台上发现上海环境工程设计科学研究院有跟我们想法一致的理论成果，与我们的需求不谋而合，当即双方就开始对接起来！"黄荣明表示，如果细数这个项目中的关键点的话，与研究院的理论结合就属其中一个，双方的成功对接为项目研发创造了良好开端。

据了解，龙马环卫福龙马牌FLM5162GSL清洗扫路车主要是利用高压水流来冲刷路面尘土、积垢，并使清洗路面后的污水、尘土和垃圾汇集归拢至吸嘴处，吸收到污水垃圾箱内，以实现道路清洗和保洁的功能。

2008年3月，龙马环卫逐步完成产品设计和试制工作，首先就是要选择这款洗扫车的底盘与发动机，决定相关车型。"为保证清洗宽度与清洗效率，车辆左右两边的V型喷管必须摆开作业，但驾驶员无法绝对控制方向，道路旁的路肩也有弯曲和凹凸，难免发生碰撞，造成喷管损坏，这样的问题难以用原先的理论加以解决。"

黄荣明介绍，研究团队初步设计了一个避障功能，但效果并不佳。"此时我们根据以往工作经验，联想汽车轮胎的滚动原理，把滑动摩擦变滚动摩擦，在喷管外端加装一个避障滚轮，并且可以更换，明显延长了喷管的使用寿命，降低了产品的维护成本。"

在技术方案的实际推进过程中，还遇到了另外的问题：油管设计在罐体里面，利用水罐的水冷却，效果不好。"我们也是联想到汽车在重载低速爬坡时，使用外挂水箱的水对散热器淋浴式的降温原理，便马上采用散热性能好的铝合金水冷式散热器，并将散热器直接安装在水罐内，达到明显的降温效果。"黄荣明说，巧妙地将其他原理移植到新的实践中，往往会取得意想不到的效果。

正是在这样的逐步摸索中，龙马环卫于2009年底完成生产线建设。对此，黄荣明给我们分享了一些在试验阶段发生的故事：

在进行道路实况模拟试验时，必须针对不同路况与不同天气，监测洗扫车的性能与作业效果。为避开白天交通高峰期，项目团队在晚上10点后出发，从厂区一直试验到郊外，直至凌晨才能返回，第二天又立刻针对昨晚的问题进行小组方案讨论，马上安排整改与调试，当天晚上再次进行试验跟踪。“试验过程必须时刻关注车辆性能及作业效果，车辆在前面走，我们就跟在后面跑，雨天环境试验我们就穿着雨衣，累了就换人，有什么小问题立刻解决，再继续试验，如此反复，最终完成产品的定型。”

据黄荣明介绍，公司技术团队先后研发了清洗车自行避障喷洗机构与自行避障方法、高压集流冲扫吸嘴、扫路车引流防漏装置、气力净管防冻装置等多项自主专利技术，经福建省科技厅组织国内知名专家学者鉴定，认为达到国内领先水平。2009年该项目获“6·18海峡两岸职工创新成果展”金奖，并被选为奥运场馆和国庆60周年阅兵仪式长安街及天安门广场的唯一保洁车型。

2010年，龙马环卫福龙马牌FLM5162GSL清洗扫路车开始进入规模化生产，至此，龙马环卫将道路保洁标准提高到一个更加完美的高水平阶段，成为中国最早开发并成功量产清洗扫路车的企业之一。“该项目的成功落地转化，当年就为公司带来3027万元销售收入，带动了相关产业和配套企业发展。我们为环卫市容单位提供价格低廉、先进实用、功能齐全的新一代环卫专用设备，为保护环境做贡献，社会经济效益非常显著。”龙马环卫总经办主任林琦说道。

产学研合作再上一层楼

随着技术的快速发展，龙马环卫清洗扫路车的研发也朝着“节能化、环保化、智能化、轻量化”方向不断努力，运用保温和防结冰技术，研制全天候清洗扫路车，实现清洗扫路车的全天候作业；运用液压+气动+总线控制技术，实现清洗扫路车的集成与智能控制。

“针对西北部地区水资源缺乏的现状，我们推出了污水循环利用技术。”黄荣明自豪地说，“在最初试过用碳纤维改善污水之后，我们又陆陆续续推出了多种过滤方式，做到节约水资源、延长作业时间，为此公司又获得了三四个发明专利。”至今，龙马环卫已拥有与清洗扫路车相关的有效发明专利7项、实用新型专利16项，并作为第一起草人起草了洗扫车行业标准。

黄荣明笑言："感谢'6·18'这个平台。在洗扫车项目上的大获成功，让我们看到了建立产学研合作关系的重要性，于是在2010年8月公司建立起博士后科研工作站，先后进站的有重庆大学黄国勤、东北大学王悦新两位博士，这为我们搭建起了技术沟通桥梁。"

当前，作为省级企业技术中心，公司拥有研发人员180多人，核心技术人员及关键技术带头人都拥有至少10年的环卫清洁及垃圾收转装备技术开发经验。公司与重庆大学、福建工程学院、厦门理工学院、西安210研究所、西安公路交通大学、福建农林大学、北京市环境卫生设计科学研究所和环境保护科学研究院、上海市环境工程设计科学研究院、清华大学苏州汽车研究院等高校及科研院所建立了十分密切的技术合作关系。公司还与福建农林大学合作研究了"'ZTX16移动式垃圾压缩箱'轻量化"课题，并聘请专家教授对研发人员

>>>龙马环卫车间（企业供图）

进行环卫装备轻量化设计培训。

技术上的成功，也让龙马环卫获得了省市发改委、经信委等部门的关注。“民营企业的资金周转压力还是很大的，当时政府提供的贴息政策与资金支持给了我们很大的创新动力，这至少说明我们当前的方向是符合整个产业趋势的，也让我们放心大胆地走下去。”林琦充满感激地说。

未来环保可以这样发展

“我们董事长一直强调，要通过全公司的努力去改变环卫事业的地位，让环卫工人也能体面地工作！”林琦颇为自豪地说，“市民的文明观念会逐步地提升起来，在这样的环境中环卫工人便能更加体面地工作。为了让市民养成良好的扔垃圾习惯，我们推出了智慧积分，并通过干湿分离、分类转运的模式推动垃圾分类，最后进行资源化处理。”

近两年，龙马环卫在致力于厦门与海口两个城市的环卫建设上，已取得不凡的成就。公司首创了“环卫装备制造+环卫产业服务”协同发展战略，通过承接城市环卫一体化PPP项目、环卫一体化服务外包项目、村镇环卫一体化项目，带动环卫装备销售和新产品研发，实现装备制造与环卫服务的资源共享和协同发展。

完善“智慧环卫”运营系统，推进装备制造和运营服务是龙马环卫公司接下来的发展目标。“我们可以通过自身的‘智慧环卫’平台，看到环卫服务全过程，包括工作人员在什么时间、地点做了哪些工作，构建起全时段、全方位的无缝对接……”林琦信心满满地谈起了当前技术开发的又一个方向。

武夷味精：不忘初心　矢志不移

辜英　苏婷/文

"不要去尝试你不擅长的领域，那是冒险，我们这辈子就只把味精事业做好。"当我们走进武夷味精有限公司（下称"武夷味精"），看着那高高耸立的大米钢板仓、交错纵横的输送管道、数不清的巨型反应罐，以及一片繁忙的生产景象，仿佛置身于美国科技大片中。当我们了解到这原来是从一家濒临破产的"袖珍企业"发展起来的，我们不禁为公司副总经理郭继龙告诉我们的这句话点赞。

"我们公司从1996年年产味精1300多吨，扩大到现在年生产能力5.6万吨，综合产值从原来的1600万元到现在的10个亿，实现利税2000多万元，这成绩和我们坚持'爱岗敬业、艰苦创业、科技兴业'的发展道路是分不开的。"郭继龙自豪地说道。

作为水解蛋白、高浓料液多效降膜真空蒸发等"6·18"对接项目的负责人，郭继龙表示，是"6·18"为武夷味精提供了舞台，让一家小企业成了中国南方最大的味精生产企业、福建省高新技术企业、科技创新十佳企业和农业产业化重点龙头企业。

"6·18"平台助力创新

1996年，武夷味精实行改制，33岁的厂长李友明当选董事长，翻开了武夷味精的新篇章。他在大胆进行企业内部改革的同时，抓住技改不松手，以技改为主线来促进企业发展。初期没钱时就巧做改造，以最少的投资换取最大的收益。大的技改一时无法完成，就先从小的开始；新的设备买不起就买旧的。

>>>2007年“6·18”展会上，武夷味精与华南理工大学签约现场（企业供图）

从1996年开始，企业每一年都有七八个小技改项目，企业由此焕发出了勃勃生机。1997年下半年开始，李友明又抓住大批味精厂倒闭的机会，收购了弋阳味精厂、九江味精厂、闽清味精厂全套生产设备，产量、质量跃居全省同行业之首。

2003年，当时的福建省计划委（现福建省发改委）等部门正在筹备第一届“6·18”，向全国各高校、科研单位征集了一批项目在省内推介，武夷味精注意到了海南大学一位教授的植物水解蛋白项目，“我们就像发现新大陆一样开心”，郭继龙兴奋地回忆道。

当时，全国味精主要以淀粉为生产原料，味精厂家常常因淀粉价格不稳定而头疼不已，武夷味精则率先在国内提出改用大米为原料。但又遇到了新的难题，制糖后的下脚料——米渣一直难以得到有效处理。“每年我们都要花费400万元来处理米渣，雇当地的居民及时运走，避免发霉发臭。”郭继龙说，“制糖后米渣中的蛋白质含量高达60%以上，是大米中蛋白质含量的6～10倍。然而，大部分米渣原先只是被用作饲料，造成了蛋白质资源的极大浪费。”

>>>武夷味精全自动板框压滤设备（企业供图）

注意到海南大学的项目后，李友明亲自带队前往海南考察，并在2003年2月福建省计划委、南平市政府联合举办的"6·18"路演活动——南平市项目成果推介会上，正式和海南大学签订米渣水解蛋白生产技术转让意向。采用此技术后，武夷味精米渣中的大米蛋白经过酶解、膜分离等程序，最终喷雾干燥得到多肽及氨基酸，被运用于医药、功能性食品中，也可作为食品添加剂，调节调味品口感和基质，有显著的经济价值及社会效益。

"这一成果的转换，不仅帮助我们节省了每年400万元的环保投入，也给我们带来了更多的利润。"郭继龙说，过去公司生产1吨味精需4吨大米作为原料，而现在仅需2吨大米。

但味精的生产废液是一种高浓度的有机废水，难以达标排放，随着武夷味精生产能力逐步提高，这也成了制约武夷味精发展的新难题。

2006年3月，公司通过"6·18"网站所提供的项目成果信息，与华南理工大学扶雄博士成功对接，引进高浓料液多效降膜真空蒸发的成膜装置，成立了好与佳生物制肥有限公司，利用味精生产过程排放的废水中具有许多高浓度有机物的特点，在废水中加入一些微量元素后，采用四效降膜蒸发器，先对其浓缩然后造粒。"造粒产品中的含氮量大于16%，含磷量大于2%，添加一些植物生长所需要的微量元素后，正好适合农作物的需求，促使农产品走向绿色食品行列。”郭继龙专业地讲解道，武夷味精因此也成为全省第一家利用味精废水生产复合肥的企业，第一年就创造了200多万元的利润。

2009年，武夷味精又创新实施了将发酵产生的废糖水返回发酵罐用于循环发酵的技改项目，总投入2000多万元，每年可新增谷氨酸钠1万吨。这项新技术在全国推广后，可使味精行业每年减少废水排放1.5亿吨、固体废物约230万吨、硫酸消耗100万吨，全国味精行业每年可提高经济效益3亿到4亿元。

2016年“6·18”，武夷味精与江阴丰力生化工程装备有限公司对接，将原味精生产线内的连续单效浓缩结晶装置改造为双效连续结晶装置，提高生产效率80%，生产成本降低30%。

武夷味精走在转型升级、循环发展的道路上，还“顺便”实现了节能降耗。郭继龙介绍道，味精生产需要用到蒸汽，武夷味精拥有两台热电锅炉，蒸汽先送到锅炉里发电，再输送到生产车间使用。这使得供应到生产车间的蒸汽量更稳定，提高了生产效率。仅那台老的热电锅炉，就为全厂节省了一半的用电成本，每年节约用煤5万吨。

>>>武夷味精生产厂区一角（企业供图）

转型生物制药获国家高额补助

"生产味精和生产一些抗生素原料药，都是用微生物菌种培养发酵，它们的生产原料也相似，为何不利用味精的生产技术生产原料药呢？"李友明说，向生物制药转型的实践，武夷味精早在几年前就开始储备了，2010年"6·18"，公司就和福建师范大学对接了谷氨酸清洁生产新技术研发及产业化项目。随后又成立了福建和泉生物科技有限公司，以研发、生产和销售生物医药中间体、原料药和氨基酸为主。

2017年3月，武夷味精的谷氨酸绿色制造集成技术项目获得中央财政工业转型升级（"中国制造2025"）资金支持。这一项目的实施主要是解决谷氨酸（味精）发酵生产中多环节产污的共性关键问题。"武夷味精项目负责人介绍，通过项目的实施，还可以形成谷氨酸行业绿色制造集成技术体系和技术持续推广的联合体平台，完成年产5.6万吨谷氨酸绿色制造技术提升的示范工程。

通过科技创新延伸产业链，通过变废为宝、节能降耗走上绿色发展之路，如今的武夷味精生产基地已成为集味精、鸡精、生物制药、复合调味料、有机无机复混肥生产销售为一体的大型集团式企业。矢志不移创新，不忘初心发展，武夷味精每一步都走得坚实而有力。

优兰发：攻克“一张纸”背后的“世界级难题”

王雄/文

薄薄一张纸，能有多少科技含量？

“别小看这张再生复印纸，它的背后蕴藏了7项专利技术。”4月20日，福建晋江市优兰发集团（下称“优兰发”）党委书记、董事长助理甘木林在接受采访时说，从生产方法到废纸再生的制浆装置再到造纸废水的处理装置等，每道工艺后面几乎都有一项专利技术。

>>>优兰发集团办公大楼（企业供图）

优兰发成立于1994年，如今已是福建省三大造纸企业之一、亚洲最大的薄页纸生产基地。

从"成本换空间"到"科技换空间"

1994年创业之初，优兰发没有技术积累，只能选择先从低技术含量的瓦楞纸生产开始。经过几年的艰苦奋斗，优兰发积累了纸品生产加工经验，管理层开始思考企业的转型升级。2000年，优兰发选择了转战复印纸市场作为突破口。2003年，优兰发引进薄型纸等特种纸生产线，逐渐成为亚洲最大的薄页纸生产基地。

2014年，优兰发又攻克技术难题，研发生产环保型静电复印纸，在高端复印纸市场迅速脱颖而出。

这项名为"脱墨浆造纸工艺"的研发，还得追溯到2012年。

甘木林在回顾企业当时面临的困境时说："造纸行业竞争激烈，没有技术含

>>>优兰发集团生产车间（企业供图）

量根本站不住脚。大家都做一样的纸，就只能靠压缩成本来换取生存空间。”

另一方面，国家的环保政策也是企业投入这项工艺研发的重要背景。当时，再生复印纸刚刚被列入“环境标志产品政府采购清单”。

不过，话虽如此，对于一家民营企业而言，研发的难度可想而知。

废纸生成木浆，最大的技术难点在于脱墨，特别是复印纸、打印纸等办公用纸，由于纸张含有各种粘胶物，将墨水与这些粘胶物脱离曾经是公认的世界级难题。

优兰发研发的再生复印纸，其核心技术是采用先进的生物酶脱墨生产工艺，并利用脱墨再生纤维生产静电复印纸。这样，不仅可以充分缓解国内造纸木浆紧缺情况，而且可以使废纸再次得到利用，避免对环境产生污染。后来，优兰发这个项目被命名为“环保型静电复印纸的研制与产业化”。

“错位经营”与“两个效益”

“之前的原材料都是花大成本购买的原浆，不仅成本高，环境损耗也大。脱墨浆的研制，代替原生木浆，能为企业节省大量的成本。”作为项目带头人，优兰发集团研发部经理陈长兴已不愿过多谈论研发过程的艰辛。他更在意的是，这项“脱墨浆造纸工艺”的研发，为企业带来的经济效益和为社会带来的生态效益。陈长兴测算后发现，通过脱墨技术生产的再生静电复印纸，一吨纸成本大约可以降低1000元。“在这两个效益面前，付出再多的艰辛、花费再多的精力，难道不都是值得的吗？”

通过更换“跑道”，优兰发实现了“错位经营”，迅速占领了高端复印纸市场。当然，过程并非一句话这么简单。

“好风凭借力，送我上青天。之所以能这么快就实现了产业化，‘6·18’项目成果交易会对我们的帮助功不可没。”甘木林说。

早在2010年，省经贸委、省轻工联合会等找到优兰发，希望联合举办一场以造纸行业为主题的“6·18”日常项目对接活动，推动行业技术合作。优兰发二话不说应承了下来。经过一段时间的筹备，7月28日，“6·18”福建省

>>>优兰发集团生产的环保型静电复印纸（企业供图）

造纸行业项目成果对接会在晋江成功举办，中国轻工集团、华南理工大学、陕西科技大学等一批专家在会上推介了36项最新成果，经过洽谈对接，有8个项目现场和福建的造纸企业达成了合作意向。这次对接会，优兰发虽然没有对接到项目，但作为承办方，他们深刻体会到了行业创新的力量，也感受到了"6·18"平台的魅力。

此后，优兰发的身影经常出现在"6·18"展会、项目对接活动上。2014年，在当地发改、科技和环保等部门的大力引荐下，优兰发的环保型静电复印纸被送上了第十二届"6·18"展会的舞台。

甘木林至今仍记得，在申报项目时，有些手续还不是很完整，但晋江市发改局特事特办，先给予备案立项，项目才得以在"6·18"上顺利展示。

在各部门的大力支持下，优兰发的这个项目获得了2014年省发改委100万元"6·18"项目成果转化扶持资金支持，加快促进了项目量产。同年，该项目还获得泉州市科技进步二等奖和晋江市科技进步一等奖。

"优兰发的环保型静电复印纸对废纸的回收利用既有助于清洁环境，又能节约森林资源，是非常好的项目。"晋江市发改局审批科科长王世勇说，"该项目生产成本低，产品具有环保概念，符合国家产业政策要求，有利于静电复印纸的推广应用和下游产业如造纸机械、生物工程、化工、废纸回收等产业的健康发展。我们当然极力推荐"。

"一张纸的创新"并不简单

"现在，我们年产环保型静电复印纸1.7万吨，实现销售收入1亿多元，新增利税2000多万元。按一吨纸用脱墨浆0.39吨计算，每吨纸可节约纸浆0.12

吨，年可节约木材约3万立方米、水约82万立方米。”甘木林介绍说。

事实上，优兰发的技术创新并不仅止于此。

多年来，优兰发与华南理工大学、福建农林大学等高校实现产学研对接，先后研发出了“$12g/m^2$超薄薄页纸”“马桶坐垫纸”“造纸废水零排放技术”等一系列行业关键性技术。其中，$12g/m^2$超薄薄页包装纸获得全国轻工行业科技进步二等奖、全国造纸节能减排优秀技术二等奖、福建省优秀新产品一等奖、泉州市科技进步一等奖。

目前，优兰发拥有博士后科研室和省级企业技术中心、省造纸行业技术开发基地，以及福建省唯一的造纸研究中心，公司拥有一支由30名各类专业技术人才组成的科研团队，每年固定拿出销售总额的3.5%投入研发，成为省级“创新型试点企业”和省级“知识产权优势企业”。

截至2017年4月，优兰发拥有发明专利13项、实用新型专利72项、外观专利2项。另外，优兰发正在申报并被受理的发明专利还有13项。

优兰发还参与了薄页包装纸、半透明纸、马桶垫纸、拷贝纸等4项国家标准的起草工作，在行业内发挥了创新推动和创新引领的作用。

采写手记:

闽南是一片神奇的热土，这里是中国民营经济重镇，也是中国民间科技创新力量的重镇，爱拼会赢的闽商精神在这里焕发出强大的创新能量。

当优兰发这样在技术创新上“咬定青山不放松”的企业，遇到“6·18”这样的“催化”平台，迸发的并不仅仅是企业自身的强劲发展动力，更大的意义在于通过“6·18”这个平台让更多人看到创新的价值和魅力，为更多的福建企业提供看得见、摸得着、学得会的创新样本，让“创新福建”成为建设“新福建”的内生动力。

凤竹纺织：定义“穿衣的正确方式”

王雄/文

富有生活经验的你深知：化纤面料吸湿性差，易起静电、起球；全棉的穿着舒服，但容易褶皱、变形。那么，有没有一种面料能够将这两者的优势相加、劣势去除呢?

福建凤竹纺织科技股份有限公司（下称“凤竹纺织”）开发了一款全新的面料——超仿棉——让穿衣从此不再纠结。

>>>凤竹纺织生产车间（企业供图）

凤竹纺织是福建省最大的针织染整专业厂家和针织品出口生产基地、国家循环经济试点单位、泉州市首家国家级创新型企业。“超仿棉”的故事得从头说起。

创新：产业导向找机会

早年，纺织服装行业门槛低，多数企业从小作坊发展而来。只要家里有几台机器就能生产。大约从2012年开始，“好日子”不再。中国纺织业同质化严重、产能过剩问题在全球经济下行的大背景下尤为凸显，整个行业处境艰难。

“产能过剩，过剩的是同质化产能；去产能，去的是落后产能。企业要发展，必须在转型升级和科技创新上下功夫。”公司领导班子对此有清醒的认识。

>>>凤竹纺织参展“6·18”（企业供图）

公司领导班子认真研究了《纺织工业"十二五"发展规划》和《建设纺织强国纲要（2011—2020）》，从国家的产业政策中寻找创新的方向，开始着手研发符合产业导向的"中厚型高弹高蓬松超仿棉织物"。

近年来，国内棉花产量下降，价格一路走高，超仿棉纤维的开发及应用，既可以优化服装面料的特性，还能有效缓解国内棉花市场的供求矛盾，降低企业生产成本，具有良好的市场前景。

2014年下半年，新型高弹高蓬松超仿棉织物研发成功。与全棉产品相比，超仿棉产品改善了纤维可染性和吸湿排湿性，不仅具有良好的手感，而且在吸水透气、抗静电性、热稳定性等方面超越纯棉织物。

推广："6·18"上借东风

2015年，凤竹纺织带着超仿棉来到第十三届"6·18"项目成果交易会，将"6·18"平台作为新型面料推向市场的重要阵地。

事实上，多年来，凤竹纺织一直是"6·18"的常客，2007年，凤竹纺织"环保型高档针织弹力面料产业化"项目获得省发改委"6·18"专项资金扶持，公司开始大规模生产环保型高档针织弹力面料，当年便生产、销售8000吨，其中30%出口法国、意大利等服装强国。2011年，凤竹纺织研发的无氟防水透气针织面料和异收缩涤纶弹性面料在"6·18海峡两岸职工创新成果展"上荣获金奖；2012年，"防透吸湿功能针织面料开发"项目再获金奖，"超细复合纤维纺绸针织面料开发"项目获银奖……

这几类新型面料在特定应用场景下都具有独特优势，不仅在"6·18"上连连获奖，而且也通过这个平台有效地打通了市场，取得较好的市场反响。

这一次，超仿棉仍然不出意料地在"6·18"上收获颇丰。借此东风，超仿棉成功掀起了纺织行业新的流行潮。

据统计，自2015年1月投产以来，凤竹纺织总计生产了454吨的"中厚型高弹高蓬松超仿棉织物"面料，新增销售额2716万元，新增利税638万元。

发展：持续投入重研发

舞台很重要，魅力是前提，实力是基础。

凤竹纺织连连获奖和笑傲市场的背后，是其持续的创新研发投入和由此积淀的雄厚技术实力。

早在2001年，凤竹纺织就成立了技术中心。公司每年的研发投入至少2000万元。2006年4月，凤竹纺织技术中心下属检测中心通过国家CNAS认可，成为福建省首家开展第三方纺织品检测业务的实验室。2012年，凤竹纺织获评全国针织行业首家“国家级创新企业”。

目前，凤竹纺织技术中心已拥有管理、染整、计算机、环保等十余个专业的一大批中高级人才。其中，曾主持起草制定纺织行业国家标准8项，参与修订国家标准64项的高级工程师常向真，还被评为“享受国务院特殊津贴专家”。

创新无止境。凤竹纺织对创新的持续投入得到了可喜的回报：2016年，公司实现营业收入7.62亿元，同比增加5.86%；实现归属于上市公司股东的净利润5642万元，同比增长334%。

采写手记:

2016年，在纺织业整体低迷的情况下，凤竹纺织业绩增长逾三倍。为何能逆风飞扬？靠的就是创新。从织造、染纱、漂染、制衣到污水处理……凤竹纺织不但都有涉猎，而且样样做得精，做得好。随着科技的进步，凤竹纺织已从传统的劳动密集型企业成功地转型为集约化的资本密集型、技术密集型企业。

嘉泰数控：为“中国智造”下一个“数控蛋”

王雄/文

这两年，“工业4.0”是一个热词。在“工业4.0”体系中，数控机床是极其重要的组成部分，体现了一个国家在智能制造领域的核心竞争力。

嘉泰数控科技有限公司（下称“嘉泰数控”）位于泉州洛江区，在这个数控机床生产企业的钢构厂房内，整齐摆放着500多台正在调试的数控机床，让人颇有科幻大片的穿越感。

>>>第十三届“6·18”展会上，嘉泰集团董事长苏亚帅（左一）向客商介绍产品（企业供图）

守候“数控的春天”

嘉泰数控的“科技穿越”始于2004年。这一年，嘉泰生产出了第一台五轴联动数控机床，并交付烟台大学使用。

如果说数控机床是“工业4.0”时代的智能制造科技“桂冠”，那么五轴联动数控机床在当时就是这顶桂冠上的“明珠”。嘉泰数控市场部经理张龙聪介绍说，五轴联动数控机床是高技术含量、高精密度、专门用于加工复杂曲面的机床，是解决叶轮、叶片、船用螺旋桨、重型发电机转子、汽轮机转子、大型柴油机曲轴等加工的唯一手段，对一个国家的航空、航天、军事、科研、精密器械、高精医疗设备等装备生产有着举足轻重的作用。

因此，长期以来，五轴联动数控机床在很多国家被列为战略物资加以管制，关键技术长期被美、德、日等发达国家所垄断。

尽管早在2004年就已研发生产出第一台五轴联动数控机床，但由于当时国

>>>嘉泰数控成品车间（企业供图）

内制造业尚未进入智能时代，高端数控机床的市场需求并不大，再加上这样一台设备价格昂贵，没有企业会买一套五轴联动数控机床回去做一般的加工，因而嘉泰数控的五轴联动数控机床发展并不顺利。

直至2013年，机遇的大门终于打开！这一年，泉州在福建省率先启动实施国家"数控一代"示范工程，从"泉州制造"向"泉州智造"转型。嘉泰数控被泉州市确立为示范工程龙头企业。

嘉泰数控敏感地意识到，国产五轴联动数控机床的春天来了。

凭借近十年沉淀的技术积累，乘着产业政策的东风，2014年，嘉泰数控联手"国家高新技术产业化基地"华中数控和福建工程学院等单位共同发力，联合研制出了新一代五轴联动数控机床——GL8-V门型立式五轴加工中心。该加工中心是完全国产化的小型龙门五轴联动加工中心，采用龙门式整体布局，模块化结构，具有整体刚性强、热稳定性好、技术指标先进和性价比高等特点，填补了该机型在国内市场的空白，打破了此类装备对国外的依赖。

十年磨一剑。"这台五轴联动数控机床代表着国内顶尖水平。现在我们生产的五轴联动数控机床实现了高速化与高精度，拥有多项专利。"嘉泰数控市场部经理张龙聪说。

"首秀"引来亿元大单

一举奠定嘉泰数控在数控机床界"江湖地位"的，是2015年举办的第十三届"6·18"项目成果交易会。这一届的"6·18"，首次设立了"福建工业4.0"专馆，用于重点展示、推介智能装备制造、节能环保、关键基础材料等行业龙头企业和主打产品。

接到组委会的邀请后，嘉泰数控带着旗下多款高端产品欣然赴会。

这一次的精彩亮相，令嘉泰数控在中国"智能制造"领域声名鹊起。尤其是其主打装备GL8-V门型立式五轴加工中心，更成为整个"福建工业4.0"展馆内最耀眼的"明星"。

"通过'6·18'这个大舞台，五轴联动数控机床得到了很多领导的重视

>>>嘉泰数控在第十三届“6·18”展会上的展馆（企业供图）

和客户的关注。”张龙聪说，GL8-V门型立式五轴加工中心填补了国内该机型的市场空白，技术指标达到国外同类产品水平，而售价约为国外同类产品的三分之一，完全可以替代进口，因而市场关注度非常高。

参展后不久，2014年下半年，比亚迪就从嘉泰数控购入500台（套）五轴联动数控机床。仅这一单，产值就达1亿多元。

“中国好外婆”

迅猛发展的中国高端制造业，除了需要先进的装备，还迫切需要熟练掌握这些装备应用技术的新型人才。但现实的状况却是，这样的新型技术人才十分匮乏。

>>>嘉泰数控生产的五轴联动数控机床（企业供图）

“生产先进装备和培养适用人才，就如同一枚硬币的两面，再好的机床，没有合格的操作人员也难以发挥出装备应有的性能。”嘉泰数控设计总监胡高尚说。

由于数控机床是新兴技术装备，过去各职业院校对这一专业的设置还比较少，为了推进人才与装备的配套，嘉泰数控就像个“中国好外婆”——嫁了闺女还负责带外孙。他们一方面利用企业自身的技术优势开办培训班，长期为用户培训人员；另一方面，还与各大高校、职业院校共建培训班，培训教师队伍。

同时，为了满足机床市场高端产品需求，嘉泰数控聘请机床领域高端人才，为创新研发打造坚强后盾。2016年底，嘉泰数控邀请中车、沈飞、哈飞的技术专家，加紧编制五轴联动数控机床的应用、维修、开发等三个系列教材。

未来已来：打造“无人化工厂”

随着科技水平的发展，高端制造业对生产过程的自动化、智能化、精密化要求也越来越高。在很多生产领域，从切割、点焊、搬运、上下料、装配、检测等生产工序，一直到包装入库，都迫切需求更加自动化、智能化和精密化的生产装备，以减少人力介入对精密度的不利干扰。

嘉泰数控董事长苏亚帅表示，为了应对这一发展趋势，下一步嘉泰数控将在机械手等智能部件方面加大研发和投资力度，为装备制造业提供自动化、智能化的解决方案，发展小型数字化车间，打造“无人化工厂”。

说这些话，苏亚帅是有底气的。目前，嘉泰数控拥有8大系列、300多种产品，包括具有自主知识产权的五轴机床、钻攻中心、雕铣机、智能玻璃加工机等国产化设备，其客户不乏三星、中国南车、比亚迪、通达集团、正兴车轮等知名企业。

在业绩上，嘉泰数控2015年营业收入3.99亿元，净利润7145.79万元；2016年营业收入7.64亿元，净利润1.04亿元。更值得一提的是，2016年7月，嘉泰数控在新三板正式挂牌上市，成功进入资本市场，无疑为公司的发展插上了腾飞的翅膀。

采写手记：

十年磨一剑，嘉泰数控攻克五轴联动数控机床关键技术，填补了该机型在国内市场的空白，打破了此类产品对国外的依赖。作为民营科技创新型中小企业，嘉泰数控对创新的坚持和专注，令人佩服。这种锲而不舍、精益求精的工匠精神，在多数人追逐短、平、快的经济利益的今天，显得尤为可贵。

微柏研究院：工业“钢铁侠”制造者

王雄/文

“原来很多人工干的事，都可以让机器人去干。”泉州微柏工业机器人研究院有限公司（下称“微柏研究院”）董事长蔡伟强如是说。在他的研究院里，有很多可以在工厂车间完成各类工作的“钢铁侠”，这些“钢铁侠”的学名叫“工业机器人”。

>>>微柏研究院厂区一角（企业供图）

梦想萌芽：向科技要生产力

在蔡伟强的人生履历中，有两个和工业机器人有关的“关键词”。一个是“科班出身”，2002年，他毕业于四川大学计算机系；另一个是“子承父业”，他毕业后来到父亲创办的鲤东机械有限公司工作。

蔡伟强对工业机器人的思考，是从父亲公司面临的一系列现实困难开始的。

那些年，主要生产汽车零配件的鲤东机械有限公司和许多制造企业一样，面临招工越来越难、人工成本越来越高的发展瓶颈。一方面是企业要发展，另一方面是捉襟见肘的人力资源。如何解决？学计算机出身的蔡伟强着眼点显然和父辈不一样——他的解决之道是，向科技要生产力！

>>>微柏公司车间一角（企业供图）

他与技术团队多次改进汽配零件的生产工艺，优化细节，通过模仿研发，实现了焊接等工艺的自动化。

这是蔡伟强工业机器人之梦的肇始。

逐梦之路：瞄准RV减速机关键技术

2011年，蔡伟强决定离开父亲的企业自立门户，于是创办了微柏研究院，专门从事智能设备和工业机器人的研发。

“外观可以借鉴国外，但核心技术一定要自己研发。”蔡伟强一开始就把目光瞄准了工业机器人的关键技术。

减速机、交直流伺服电机、控制器作为工业机器人的三个核心零部件，直接决定了工业机器人的性能。其中，减速机是机器人的关键零部件，成本占到整台机器人生产成本的三分之一。然而，中国对机器人减速机研究较晚，技术不成熟，严重依赖进口。

蔡伟强意识到，攻克减速机技术是国内机器人企业产业化的必然选择。为此，从2014年起，蔡伟强开始组建团队研发RV减速机。

"我们虽然起步较晚，但在2016年终于攻克了RV精密减速机的设计、加工、装配等一系列工程化技术难题。"蔡伟强说，目前微柏研究院的RV减速机已小批量生产，除了他父亲的公司在使用外，泉州还有一些数控企业正在试用，反响不错。

"行业里公认RV减速机质量最好的是日系和德系，我们生产的RV减速机虽然和进口这些国际知名企业的减速机有一定差距，但完全能满足国内大部分企业的需求。"微柏研究院自主研发的RV减速机打破了国产工业机器人减速机依赖进口的局面，有效降低了企业的生产成本。

创新不止："钢铁侠"家族日益壮大

机器人是"制造业皇冠顶端的明珠"，其研发、制造、应用是衡量一个国家科技创新和高端制造业水平的重要标志。如何把高校的学术科研成果转化成生产力？这是蔡伟强一直思考的问题。

为解决高层次人才欠缺的问题，微柏研究院与厦门大学共建工业机器人研究院，引进大批专业人才，研发四关节自由度水平式、摇摆式、串联式、并联式机械手，六关节自由度串联式、并联式机械手等。

2016年3月9日，微柏研究院又与厦门大学嘉庚学院合作共建了嘉庚—微柏工业机器人创新实验室，一幅以产学研合作共同制造高水平、高智能机器人的未来蓝图揭开了大幕。

目前，微柏自主研发的数十种专业机器人已广泛应用在冲压、喷涂、焊接、搬运、弧焊、涂胶、切割、研磨抛光、激光加工等生产作业领域。客户涉及汽车配件行业、电子玩具、电子装配、食品、包装等多个行业。微柏公司已成为泉州市“数控一代”示范企业，由其研发的全自动瓷砖分拣包装线、注塑自动化生产线、轻工缝纫自动化智能生产线和智能仓储智能化生产线，有力地助推泉州各大传统产业的转型升级。

据蔡伟强介绍，微柏研究院已实现了年产六关节串联式中小型精密机器人200台的生产能力，目前拥有包括南方路机、宝隆机械、三星电气等客户。

产业扶持：“6·18”陪你去战斗

蔡伟强的创业创新之路在外人看来似乎顺风顺水，但总结一路走来的得失，和任何的创业创新一样，其艰辛不言而喻。

而给予他重要支持的，是“6·18”这个平台。“最初的两年，自己埋头苦干，并没有留意政府的相关政策，客观上错失了能够发展得更快的机会。直到2014年，我们参加了第十二届‘6·18’展会，在这个平台上，得到了强大的助力，也从政策层面验证了我们选择的这个方向是正确的。”蔡伟强说。

在第十二届“6·18”项目成果交易会上，微柏研究院携自主研发的六关节串联式中小型精密机器人参展，借助“6·18”平台，微柏研究院的“钢铁侠”得到了政府有关部门和客户的广泛关注，由此获得了各级政府主管部门的各类项目扶持资金共100多万元。

此后，微柏研究院每年都携带最新款的机器人亮相“6·18”展会，如2015年“6·18”，微柏研究院展出“小六轴”，这款主要用于分拣及包装、贴标、装配作业的机器人，具有操作速度快、有效载荷大的特点，在“6·18”上一亮相就引起了用户广泛关注。

“这几年来，省市出台了不少鼓励‘数控一代’和智能智造发展的政策，泉州还正式获批‘中国制造2025’试点示范城市，前景非常光明。”面对众多政策利好，蔡伟强更加坚定创业方向。他说，尽管这些扶持和补助对于企业的研发来说不算大数目，但他感觉到自己“不是一个人在战斗”。

在政策引导下，微柏研究院还乘着“一带一路”东风，成立海外事业部，试水海外市场。目前，微柏研究院在印尼、马来西亚、泰国、新加坡等地都开设了4S展示店，进行海外市场拓展。

这些年，微柏公司规模逐年扩大，产值也在逐年增长。2013年，公司产值仅600万元；2016年，公司产值已超亿元。

“目前，全国都在掀起产业升级转型的浪潮，工业机器人的市场需求正处在井喷期，中国的工业机器人市场份额在未来很长一段时间内仍然会是全球最大。”蔡伟强表示，工业机器人行业正迎来发展的“春天”，微柏研究院的目标是把握“春天”，争做行业领跑者。

采写手记:

在进驻泉州市“数控一代”科技创新中心的众多机构中，微柏研究院这家由泉州本土孕育出的企业颇具代表性。其发展轨迹，清晰展现出了泉州乃至整个中国数控设备、工业机器人产业如同井喷般势不可挡的发展态势。作为一家从事工业数控系统及工业机器人的研发、生产和销售的高新技术企业，微柏研究院率先感知风向，敏锐嗅到传统产业技改的市场需求，抓住“数控一代”创新应用示范工程、“泉州制造2025”的机遇，专注于研发工业机器人项目，帮助传统企业改造数字化车间及智能生产线，为泉州产业的转型升级注入新动力。

中科动力：一辆电动汽车的故事

肖和勇/文

大家好，我叫C1S，我是货真价实的电动汽车。说起我，大家应该不陌生的。

2017年第十五届“6·18”项目成果交易会就要到来。我要告诉你们一个好消息。这次“6·18”展会上，我和我的小哥哥们将再次登上T台，跟大家见面。

44道工序闯6关　玩的就是心跳

我来自中科动力（福建）新能源汽车有限公司（下称“中科动力”）。我的诞生要经历重重“磨难”，泰山压顶根本不算个事儿，“激光文身”“通电泡澡”，玩的就是心跳。且听我向你一一道来。

在中科动力冲压车间，一块块光鲜的冷轧钢板在冲压机床巨大的压力下，瞬间就变成了汽车门板、车顶乃至一个个汽车构件。你问这样疼不疼？说句实话，重压来得太快，疼的知觉还没醒来。

当构件被放在切割机床上时，头顶的工业机器人就会呼呼地伸出手臂，从它的手指，哧溜就喷出激光。不多时，构件上就出现了一个个大大小小的孔。就这样，经过“激光文身”，构件被做成了一个个的钣金零部件。不过“文身”时那刺骨的灼热和疼痛真让人难以忍受。

在焊装车间长长的流水线上，几十个工人接力作业，很快将各个部件拼焊成了车身。在这里，你能看到我日后闪亮身影的骨架，不过此时看起来有些奇怪，甚至有点面目狰狞。

我的人生早年，最刺激的坎儿就是“电泳”。当车身来到涂装车间后，要依次进行脱脂、酸洗、钝化、电泳和烘干等过程。所谓"电泳"，就是给车身加上防腐底漆，这个"泡澡"的时光，是全程通电的。听起来是不是很可怕？要不是我骨骼清奇，心跳早就没了。

在涂装车间里，工人们还对我进行防锈、防雨、防震等工艺处理，整套流程下来，我可是接近"金刚不坏之身"了。而当我穿上彩色衣裳之后，涂装过程结束，人生底色从此闪亮。

当我盛装来到总装车间，竟感觉有些眩晕。这里采光通透，宽敞明净，我很快上了流水线，"灵魂"也逐步被唤醒。

底盘区是总装车间唯一的单列区间。在这里，我被安装上轮胎、后轿、电机、电池和底盘油管。至此，我就不是一个躯壳啦，我拥有了远行的脚和强劲的动力。在接下来的15个步骤当中，工人们还要为我装上各种各样的部件，大到制动总成小到门控开关，真是精细到了极致。这里的工人穿戴整齐，说话

>>>焊装车间里的汽车车身（肖和勇/摄）

>>>总装车间里，工人们正在安装车辆零部件（肖和勇/摄）

轻声细语，他们不准戴戒指、手表，随身钥匙更不能露出。中科动力技术总监说，这是为了避免车身油漆不慎被蹭到。

大约五六个小时后，整车44道工序全部做完，我就下线了。总监曾告诉我，除了身子骨，我身上大大小小的部件基本上都是向国内一些技术过硬的厂家定制采购的。这是让人自豪的事，说明我也是集万千优点于一身的。

可是，你大概不会想到，接下来我还是要闯过重重险阻。当我下线之后，首先要进行四轮定位检测，紧接着要测试侧滑、车速、灯光和制动性能。你在电视里看到的雨中戏，都是喷水玩玩的。我在车间接受的淋雨测试，那可是暴雨级的冲刷，淋个落汤鸡不说，要是车身里湿了一点点，可就大事不好。

再加上跑道试车、检查评审，前后6道关口要是出了点差池，我就得“回炉”再造。想起来，这样的闯关游戏，是不是跟你们玩的“CS”一样紧张刺激?

减肥150公斤跑得远　碰撞指数3颗星

谈起“电动系”少年，无论长得俊不俊，你们都要追问续航能力和安全性能。总监说，在正常路况下，我的续航里程，在100公里至150公里之间。可怎么也差了50公里呀！他进一步解释说，这跟每一款车电池的实际配置大有关系。说到这里，有个重磅的消息，我可以跟你们透露——目前我们C1S根据动力匹配和续航能力不同，推出了铅酸版、锂电版及混合动力等多款车型。在2017年的“6·18”展会上，我和我的小哥哥们，就要和你见面啦。

实际上，为了让我跑得更远，中科动力没少费劲。在2016年5月举行的全国小型电动车测试大赛中，我的一个哥哥续航里程就达到243公里，一举摘得“最佳续驶里程奖”等5项大奖；我最初的体重有900公斤。但投产之前，技术人员又给我减负了。他们想尽各种办法，去掉了一些多余的构件，硬是让我瘦身至750公斤。轻量化的设计理念，让我一下子减肥150公斤。如此一来，每次续航我能多跑个十来公里。

说到安全性能，在2015年8月，我的二哥C3——我俩前舱设计等诸多性能是一脉相承的，在天津国家级机动车检测中心做了一次时速为50公里的碰撞试验。总监说，这次测试结果表明，我二哥的碰撞指数，至少是3星的水准。3星是个什么概念呢？即碰撞对乘员损伤程度较轻微，因此测试获得通过。

我身上还搭载了个时尚的玩意儿——“车联网”APP。只要你在手机上下载这个APP，简单操作之后就能跟我建立联系。从此，你我就密不可分啦，不仅定位信息一目了然，能防盗，而且要是我出故障了，你也能很快查出问题，厂家售后维修人员同时也能获得故障信息，前来救急。

我有大哥二哥三哥　与“6·18”情缘深深

如今的我，已是公司的“头牌”。2016年第十四届“6·18”，是我头一次参展面世，在我们公司，我还有大哥二哥三哥，他们和我一样，与

“6 · 18”的情缘特别深。

我的东家——中科动力坐落在三明永安市，2013年底成立。建厂之初，完全没有家底——产业基础、制造经验、技术支持都是“一穷二白”，当时东家很是着急。

2014年春天，通过永安市当地发改部门牵线搭桥，东家开始跟“6 · 18”联系上。这一年，东家通过委外生产，赶做了2款电动汽车参加了“6 · 18”。据说，当年参展的电动汽车，我们是独家，因此关注度爆棚。

更重要的是，通过“6 · 18”平台，东家与清华大学苏州汽车研究院达成项目对接意向，签下了项目转化协议。展会结束后，清华大学苏州汽车研究院的团队就进驻公司，为东家建立整车技术研发平台及开发团队。总监说，借助“6 · 18”平台，公司很快就被纳入三明市、永安市政府的重点项目，在项目

>>>中科动力一期厂房全景（肖和勇/摄）

审批、建设等方面均得到大力支持。当地政府特地预留5000平方米的场地，作为整车项目研发的孵化空间；同时，三明政府迅速推出电动汽车管理规定，为电动车挂牌上路铺平了道路。

仅仅4个月后，我的大哥C5就诞生了。不久，我的二哥C3也试产下线。他们同为微型SUV车，都长得非常炫酷。与此同时，东家还委外生产出“福鹰”——我的三哥。

在2015年第十三届“6·18”上，我的三个哥哥齐刷刷亮相，一时风光无限。福建当地许多企事业单位、客商当场就和东家签了订单。展会上，我三哥“福鹰”因为价格实惠，备受青睐，而高端精致的大哥和二哥，因为价格较高，明显受到冷落。这次“6·18”，让东家看清了市场需求，也找到产品定位。经过技术攻关、生产线路调整，作为“小四”的我——C1S便诞生了。

“‘6·18’这个平台是风向标和试金石，帮我们打开了市场。”谈起这段往事，公司老员工无不感慨。如今，C1S车型已累积销售1万多台。公司在全国各地建立了经销商网点300家以上。期间，公司完善了涵盖冲压、焊装、涂装、总装四大汽车制造工艺路线，可年产电动汽车6万辆以上。

2017年，我和我的小哥哥们还将参加“6·18”。我们，不见不散。

富顺光电："车到山前必有电"

刘默涵/文

如果你是一位汽车爱好者，说起特斯拉必定耳熟能详，并且对比亚迪、北汽、广汽等国内汽车厂商相继推出的新能源汽车也必定能如数家珍。

但是如果要下定决心去买一辆这样的新能源汽车，恐怕许多人都得掂量掂

>>>一部纯电动中型汽车在使用富顺光电开发的充电桩充电（企业供图）

量——充电桩可不比加油站，“趴窝”可不是闹着玩儿的！

不过，你担心的问题，有家叫作富顺光电科技股份有限公司（下称“富顺光电”）的企业正在努力解决——“车到山前必有电，有电必有新能源车”的未来也许不会太遥远。

市场的颜色：“红海”与“蓝海”

富顺光电1995年起家于生产LED照明产品，经过20多年的发展，逐渐成为国内领先的LED照明生产商。

作为曾经的新兴行业，LED照明也曾万千宠爱集一身，风光无限。但是2010年以来，因为LED照明行业产能过剩，导致LED产品价格普遍下降了30%~40%，市场的竞争态势迅速由“激烈”演化为“惨烈”。

这一波由产业扩张狂潮带来的行业危机，甚至把全球LED芯片厂商都打了个措手不及。能力再强的企业，也不敢和时代硬碰硬。2015年下半年开始，晶元光电、三星电子、CREE等国际企业陆续做出了选择性减产的决定。

在时代大潮的裹挟下，富顺光电也不能独善其身。突围迫在眉睫，转型势在必行。

2015年，富顺光电带着为企业发展寻找“新能源”的使命来到了“6·18”项目成果交易会。此前，通过充分的调研论证，他们已将目标锁定在了汽车新能源项目，这也是富顺光电从LED“红海”向新的产业“蓝海”转型升级的新选择。

富顺光电选择在此时向汽车新能源方向进行“战略大转移”并非缺乏依据的拍脑袋决策。根据中国汽车行业协会的数据，2014年，我国新能源汽车共生产78499辆，销售74763辆，比上年分别增长3.5倍和3.2倍。这一年，也因此被业内人士称为“新能源汽车元年”。但严重制约新能源汽车产销规模扩大的重要原因是，以充电桩建设为重心的服务市场尚未真正启动。根据国家电网的数据，2015年，全国范围内建成的电动汽车充电桩仅有2.6万个。而国家能源局制定的《电动汽车充电基础设施建设规划》与《充电基础设施建设指导意见》草

>>>富顺光电充电桩生产车间内，工人正在装配产品（企业供图）

案明确提出，到2020年国内充换电站数量要达到1.2万个，充电桩达到450万个。

富顺光电深知，全国各地和他们一样看准了这一“蓝海”的企业还有很多，大家都在争分夺秒。

借力“6·18”：研发终于“充电已满”

面对充电桩这一新生事物，大家的心中都没有底，想要制订开发计划也无从下手。

所幸，公司这几年通过“6·18”平台与国内的高校和科研机构建立了许多合作和沟通的渠道。从2004年起，富顺光电几乎年年参加“6·18”，先后对接了“全彩色LED点阵显示屏”“智能电子回单柜及管理系统产业化”“智能排队管理系统产业化”“中小城市网络化智能交通信号控制系统产业化”“LED电子门楣显示屏产业化建设”等多个项目。公司也先后有5个项目获得省发改委“6·18”专项资金扶持。正是有了“6·18”平台，富顺光电在LED照明行业才一直走在前沿。如今，公司想转型，“6·18”平台也必然能发挥大作用。果然，在2015年第十三届“6·18”上，公司发现了集美大学信息工程学院许伟坚老师研发的充电桩电力模块和主控环节技术，如果能够与其共同合作，将技术成果与企业的产品相结合，将可以使企业在充电桩研究领域突破最为核心的技术壁垒。

经过一番沟通，校企双方顺利签订了合作协议，进入合作研发阶段。

当时，最大的困难在于，市面上可供参考的充电桩产品都是之前的概念性产品，在新的国标出来以后，很多已经严重落后，甚至大量的配件都要重新设计和选型。

经过近一年的艰苦努力，2016年6月，富顺光电第一次进行了真车充电试验。伴随着“充电已满”的红色标识在屏幕上跳闪，悬在大家心上的石头才真正落下。

“那意味着我们的充电桩设备研制成功了。当时每一个动作都牵动着我的神经，甚至是枪锁的滴答声，都变成我心跳的频率……”事后，时任项目组负责人陈勇财在自己的日记本上写道。

填平“代沟”：老车新车俱欢颜

产品充电试验成功了，但是研发人员刚刚舒展的眉头很快又拧紧了。“此前市面上老国标的电动汽车占比较大，由于老国标对充电流程及通信数据交互没有严格的规定，各个厂家对通信流程标准的理解存在差异，市面上存量的很多车无法直接在采用新国标生产的充电桩上充电。”富顺光电副总经理、研发部负责人何仲全说，解决充电桩与各电动汽车车型友好兼容问题，成为又一件至关重要的工作。

两个月后，研发团队终于攻克了难关，新的充电桩不仅能对2015年新国标通信协议的车进行充电，也能兼容2011年老国标通信协议。

>>>富顺光电充电桩研发团队和他们的产品合影（企业供图）

目前，富顺光电的充电桩已经实现和市场上约八九成国内车型的兼容。这其中既包括江淮系列、比亚迪系列、长安系列、上汽荣威系列、吉利帝豪系列等小汽车车型，也包括金龙电动中巴车、凯美物流车等大中车型。

经过业内权威的开普实验室及国网电力科学研究院的检测，富顺光电的充电桩产品技术已处于国内领先水平。

小目标：3万个充电桩

一项科技的创新，市场的潜力是惊人的。富顺光电的充电桩产品上市仅几个月，就已实现了3.15亿的销售订单。

与此同时，通过持续的科研投入，富顺光电的人才储备与研发实力不断增强，现已拥有博士后科研工作站、福建省级企业技术中心、省级工程技术研究中心、省级重点实验室等科研机构，培养了一大批具有丰富经验和学识的优秀研发人员和工程技术人员。

如果说3.15亿的销售数据算是对成绩的总结的话，那么另一个数据则显示了企业对未来的雄心——在未来几年内，富顺光电计划在全国布置3万个充电桩。这一数据是目前充电桩市场存量的总和。在企业的计划中，富顺光电的目标是成为国内新能源汽车充电桩行业的领先企业。

采写手记:

没有永远的“蓝海”，也没有永远的“红海”，只有永远的创新。

在走访富顺光电时，这家企业从LED照明行业的一次创业，到新能源汽车充电桩领域的二次创业，从“蓝海”到“红海”再到“蓝海”的波浪式发展让人感慨万千。

在科技发展由“日新月异”提速到“日新日异”的今天，技术的变革、创新的颠覆、市场的较量，往往令一个产业或一类产品的生命周期较过去大大缩短。由此，持续创新、永续创新、加速创新成为这个时代的共同命题。

促进科技创新成果的落地转化，这是“6·18”的历史使命，也是每个身处这一时代的企业的宿命。

聚旺高科：专治“重口味”　呵护“小清新”

王雄/文

烟囱高耸，白烟滚滚，气味刺鼻。这是一般人对印染厂先入为主的印象。而今，如果你走进中国印染产业重镇福建石狮，或许你就会改变观念了。如今这里已有一大批印染企业告别“重口味”，重回“小清新”。

这还得从一家刚刚在2017年晋江市企业创新发展大会上荣获“晋江6·18项目成果对接先进企业”称号的公司说起。这家公司名为福建聚旺高科工业股份有限公司（下称“聚旺高科”），成立于1992年，是一家环保企业，主要从事废气处理装置的生产——“不管天，不管地，主要管空气”。

产业阵痛：“危”中转“机”

聚旺高科的前身是福建晋江聚旺印染机械有限公司，专门从事印染机械、智能环保设备的研发、制造和销售。晋江和石狮仅一步之遥，背靠石狮这个印染重镇，聚旺高科的小日子过得很舒坦。其他企业四处找市场，而它的市场就在周边。

但是，产业的阵痛说来就来。

这些年，受世界经济疲软和中国经济增长放缓影响，国内外市场需求下降，曾经红红火火的纺织印染行业出现了产能过剩，日子越来越不好过。另外，在国家对环保要求越来越高的情况下，很多花不起改造费用的企业陆续出现关停现象。

“城门失火，殃及池鱼”。2014年，以生产印染机械为主业的聚旺高科业务出现断崖式下跌，企业利润当年就下降了30%。聚旺高科总裁许佳铭在行业的生存危机面前忧心忡忡。出路在哪儿？

“那时，北方城市多次出现严重雾霾，环保和$PM_{2.5}$成为人们热议的话题。我就在想，我们公司专业做机械20多年，能不能研发新产品帮助印染企业解决环保问题？”许佳铭琢磨，印染行业已经看到“天花板”，而环保的指标只会一年比一年严格。

废气是印染产业的主要污染，而且印染废气特别是定型废气含有水蒸气、印染助剂和溶剂的挥发物与冷凝物，以及织物携带的纤维和尘埃，是一种包含了气、液、固三态污染物的混合流体，治理难度相当大。

客户的“痛点”“难点”，难道不正是我们转型的“机会点”？如果能转型做环保机械，既可以解决印染企业的“切肤之痛”，又可以使自己的企业得到持续发展。危机，危机，关键是不仅要看到“危”，更要看到“机”！

公司领导层痛下决心，说干就干！2014年初，聚旺高科投入3000多万，请

>>>聚旺高科生产车间（企业供图）

来中科院的专家团队，开始了“废气热能回收及净化处理系统”项目研究。耗时两年，经过多次调试，该项目终于在2016年5月研制成功，并被列入泉州“数控一代”示范产品。

转型阵痛：半年只卖出一台设备

“印染定型机运行时排放的废气不仅含有大量烟尘，同时还有聚苯类有机物、印染助剂、油等多种成分，每台定型机一般排放颗粒物150~250mg/m^3，油烟40~80mg/m^3，危害人类身体健康。”许佳铭介绍说，公司研发的废气热能回收及净化处理系统主要用于印染行业的定型机、烘干机及印花机的废气净化工程和废气余热回收工程。

许佳铭预计，废气热能回收及净化处理系统推出市场后，一定会大受印染企业欢迎。然而，理想很丰满，现实很骨感。大半年内，聚旺高科只卖出了一台设备——有一家石狮的印染企业试用后，觉得效果不错，就留下来了。

“企业安装废气治理设备后，废气收集率达到98%以上，总颗粒物去除率达到99%，油烟去除率达到98%。”许佳铭说，经环保部门和第三方检测机构检测，企业安装该设备后，废气排放完全符合环保要求。

不过，令人尴尬的是，虽然废气处理效果不错，但多数印染企业却不想添加这个设备。好产品企业为何不要？“主要是一些印染企业环保意识不强，对环保不舍得投入，认为上面只要查得不严，能省一点是一点。”许佳铭当时一筹莫展，天天看着设备发愁。

>>>工人正在调试废气热能回收及净化处理系统（企业供图）

转机很快就来了。2017年3月，石狮市政府印发《石狮市新型染整产业循环发展园定型机废气净化治理实施方案》，要求在2017年6月底，所有印染企业的定型机都必须安装符合环保、安监等部门要求的废气净化装置，并达到石狮市地方排放标准限值。

"最近很多印染企业都来联系我们，以石狮的居多，晋江也有一些。"许佳铭说，受"环保风暴"影响，公司自主研发的废气净化装置近来成了印染行业的"抢手货"，包括石狮华宝、冠宏等印染行业的领军企业纷纷批量采购并已经安装试用。

石狮市政府还规定，在2017年6月30日前完成废气净化治理改造并达标排放且能提供有资质的检测机构出具的检测报告的企业，可以申请一定量的资金补助。

"此前，泉州就出台规定，对购买'数控一代'示范产品的企业有一定补贴。"许佳铭说，两项政策叠加，石狮印染行业掀起了一股废气净化处理的热潮，仅仅一个半月，公司就拿到了60台废气处理设备订单。

再迎"6·18"：从获益良多到获益更多

政策"红利"接踵而至。除了政府的政策与资金的扶持，"6·18"项目成果交易会也伸出了橄榄枝。泉州市发改委和市科技局对聚旺高科的"华丽转身"赞赏有加，特地推荐企业与"6·18"平台对接，参加2017年第十五届"6·18"展会。

其实，聚旺高科已经不是第一次参与"6·18"了。用许佳铭的话来说，这些年，聚旺高科从"6·18"上"获益良多"。

早在2007年第五届"6·18"上，聚旺高科就与美国UNIVERSAL BSM公司成功对接，合作生产小型单机民用风力发电机，产品投产后部分返销美国。

在第六届"6·18"上，聚旺高科又洽谈了多个项目，包括荷兰的"螺旋式风力装置"、瑞士的"工业用高效太阳能接收器"等。这些项目的成功对接，不仅让聚旺高科的技术实力得到增强，更重要的是，在与国外优秀企业的合作中，聚旺高科的研发团队也得以迅速成长起来。更让许佳铭得意的是，在“6·18”平台上，公司认识并最终成功聘请中科院微电子研究所“百人计划”特聘研究员、国家“千人计划”专家王守国博士担任公司技术顾问、总监，正是他主持研发出“新一代废气热能回收及净化处理系统”“等离子布料处理技术”等，为公司的技术研发带来质的飞跃。

2017年的“6·18”，聚旺高科有了新的“小目标”，就是要带着这套废气热能回收及净化处理系统走向全国、甚至走向海外市场。

“‘6·18’的运营机构福建省招标采购集团六一八产业发展有限公司已经来实地看过废气处理设备，鼓励我们拿到‘6·18’这个大舞台上去‘秀一秀’。”许佳铭说，“我们的目标是将企业打造成中国一流的环保高科技公司，‘6·18’将是我们迈向这一目标的‘红地毯’。”

采写手记:

科技创新的价值就在于“治愈痛点”“解决难点”。废气问题一直是困扰印染企业的大问题，聚旺高科成功研发了废气热能回收及净化处理系统，帮助企业解决了污染顽疾。应该说，从主产印染机械到研发智能环保设备，聚旺高科的转型之路相当成功。随着日趋严厉的环保监管，再加上“6·18”的鼎力相助，相信聚旺高科的路一定会越走越宽、越走越远。

第三章　科技扶贫——“6·18”的新使命

15年来，“6·18”总是在时代赋予的历史使命中向前进的。消除贫困、改善民生，打赢脱贫攻坚战是实现全面建成小康社会目标的重大任务。要彻底改变贫困，就要获得打开富裕之门的“金钥匙”。推进先进适用技术成果的转化应用，助力县域产业优化结构，提高产业发展水平，就成为“6·18”发挥平台资源优势、进行科技扶贫的新使命。发挥科技优势，着眼产业发展，为扶贫开发提供智力支持，让“6·18”平台锻造的科技“金钥匙”，打开越来越多的富裕之门，为推动精准脱贫，做出切实贡献。

闽威实业：守住舌尖上的鲈鱼香

蒋巧玲/文

临近午餐时间，福鼎长屿海域的雨雾中升起了炊烟。渔排上，刚出锅的鲈鱼豆腐汤才放稳，围桌而坐的人便盛入小碗喝起来。屋外，船只往来不断，养殖工刚把鱼食撒入网箱，肥硕的鲈鱼群便腾起抢食，水花飞溅。

福建闽威实业股份有限公司（下称“闽威实业”）的50亩养殖基地就位于此。旺季时，每次从养殖基地运出去的成品鲈鱼超过80吨，它们大部分走上了韩国、日本及东南亚国家居民的餐桌。

>>>福鼎长屿养殖基地位于入海口，是鲈鱼养殖的天然渔场（企业供图）

"一鱼难求"

位于福建东北部的福鼎，濒临东海，海域内有大小岛屿80多个，水产资源丰富。因盛产鲈鱼，福鼎享有"中国鲈鱼之乡"的美誉。目前，全市鲈鱼养殖海域约11.5万亩，年养殖量达2万多吨。

只是，谁曾想到，20世纪90年代中后期，这片海域的鲈鱼却曾经"一鱼难求"。

"那时候，想在海上钓一条鲈鱼都很难。"谈起20世纪90年代的福鼎渔业，闽威实业董事长方秀仍然记忆犹新。彼时，福鼎的鲈鱼在韩国市场刚刚打开销路，众多渔民投身到鲈鱼捕捞行列中——"从一个村到一个市，从福建到周边的沿海省份，都在捕捞。"方秀回忆说，当时鲈鱼市场需求量大，加上野生鲈鱼需要经过4年的成长期方能产卵，在无法实现人工育苗的情况下，野生鲈鱼资源在大量捕捞下已近乎枯竭。

人工培育鲈鱼种苗——这是方秀能想到的最好的突破口。

>>>鲈鱼丰收的季节到了，海上的养殖户正在捕捞成品鲈鱼（企业供图）

胆子虽大，但当时人工培养鲈鱼种苗的技术在国内还是一片空白，突破瓶颈谈何容易。从1996年开始，方秀尝试多种方法进行鲈鱼的人工育苗。第一年，他在海边围起露天池塘来育苗；第二年，他在池塘上盖起大棚，做好苗种保温工作后继续育苗；第三年，为提高人工育苗的可控性，他投资200多万元建起了闽威花鲈良种场。

可惜，受限于当时的育苗技术，三年的人工育苗均以失败告终。方秀也因只投入不产出而债台高筑。

“6·18”助力实现花鲈生殖调控

事情的转机出现在人工育苗的第四年。

2000年，方秀无意间从电视中了解到水下摄影机这种设备。随后，他利用水下摄影机拍摄到鲈鱼的水下生长、产卵环境，并在良种场里通过调控水温、光照、盐度等条件，为亲鱼（即种鱼）模拟出了自然生长环境。2001年，闽威实业正式攻破了鲈鱼排卵控制技术。

方秀在欣喜的同时，也有了新的忧虑。“技术是最重要的，没有技术，企业就没有办法持续创新。”为了进一步完善人工育苗技术，方秀把目光投向了人才引进和技术提升。

2002—2004年，在多方奔走下，闽威实业先后与中国水产研究院黄海水产研究所、福建省水产研究所、集美大学等科研院所签订合作意向书，并围绕海水鱼优种和繁育等多项课题开展产学研合作。2007年，闽威实业通过“6·18”项目成果交易会，与中国工程院院士雷霁霖成功对接了“花鲈生殖调控和室内人工育苗技术”项目。

“这项技术解决了花鲈鱼提前产卵与产卵调控等关键技术，通过对水温、光照、盐度等条件的控制，使鲈鱼一年产卵从一次变成三次。”通过“6·18”平台，方秀有了意外的收获，这项技术不仅突破了靠野生苗种繁育鲈鱼的传统，而且苗种的孵化率由60%提升到95%以上，改变了花鲈育苗难、孵化率低的问题。如今，闽威实业每年可培育鲈鱼苗5000万尾，养殖成功率高达85%。

>>>鲈鱼加工车间（企业供图）

长期工作在生产和技术一线的闽威实业生产部副总经理刘荣城也十分兴奋："以前鲈鱼苗的成活率只有20%~30%，这项技术突破后，福鼎的成品鲈鱼产量也跟着提高，带动了不少农民增收致富！"

目前，闽威实业已经形成了集育苗、养殖、加工、销售为一体的鲈鱼全产业链。

带动养殖户增收

陈伯辉的养殖网箱和闽威实业的养殖基地连在一起。从祖辈开始，家里的主要经济收入就来自海上打鱼。到了陈伯辉这代，才开始从事不必乘风破浪、以命相搏的养殖业。

"早期捕捞野生苗种来养殖，年产值十几万，现在用人工鱼苗，收益翻了一两番！"陈伯辉说，过去养殖鲈鱼都用野生苗种，捕捞成本高、成活率低，养殖户的收益不好。人工鱼苗的养殖解决了鱼苗来源、成本、技术等很多弊端，仅2016年一年，他的鲈鱼养殖收入就有二三十万元。2017年，他和家人商量后，又从闽威实业的良种场买了40多万尾鲈鱼苗，如果成活率高的话，全年可以收获成品鱼30多万条。

除了鱼苗供应，技术和销路更是陈伯辉的“定心丸”。在鲈鱼养殖过程中，陈伯辉可以从闽威实业的技术团队中得到技术指导，养好的成品鱼，可通过合作社由闽威实业统一收购销售，解决了他养殖的后顾之忧。“在这片养殖基地上，我们大概有90多户养殖户都是这么经营的，养殖和销售完全不需要我们来操心！”陈伯辉乐呵呵地说。

事实上，经过多年的积极探索，目前，闽威实业已经形成了“公司+基地+农户”的模式，在输出人工鱼苗的同时，也向养殖户输出技术，直接带动了周边2000多户养殖户致富增收。

仙洋洋食品：粗老茶里的“淘金者”

蒋巧玲/文

说起“统一”“康师傅”“农夫山泉”“娃哈哈”“王老吉”“达利园”这些食品、饮料品牌，你一定耳熟能详。但很多人并不知道，这些品牌都和同一家企业有着密切联系，它就是福建仙洋洋食品科技有限公司（下称“仙洋洋食品”）。

仙洋洋食品是这些品牌企业的茶粉、茶浓缩液等原料的供应商，也是目前国内最大的茶浓缩液制造商。在鲜茶叶资源丰富的闽东，仙洋洋食品却剑走偏锋，在粗老茶里“淘金”。短短几年，它不仅“淘”出了“中国驰名商标”，还填补了福建省茶黄素提取技术的空白。

酶的“枷锁”

宁德市周宁县是全国重点产茶县之一，也是闽东的高山茶区。临海高山的特殊地理条件和巨大的海拔落差，造就了这里的旖旎风光，也为茶叶生长提供了天然条件。

仙洋洋食品就诞生于此。都说“近水楼台先得月”，但2011年以前，作为公司研发经理的肖庆翔却并没有感受到这种优势。

“宁德茶叶深加工的技术水平有限，特别是生产茶叶深加工产品必备的酶，早期一直被国外垄断。”肖庆翔所说的酶，是指一种具有生物催化功能的高分子物质，早期市场上每公斤酶的价格高达1000~2000元，即便到了近几年，酶的价格也在每公斤300~600元之间。

而仙洋洋食品以茶浓缩液、速溶茶粉和非茶类植物提取物三大系列产品

>>>位于宁德市的仙洋洋生物科技产业园（企业供图）

为主，每个系列产品的生产过程都需要使用大量的酶。显然，即便是每公斤300~600元的价格，对于仙洋洋食品来说，成本依然不是一笔小数目。

“在企业技术改进之前，按照干物质计算，一克酶的成本大概需要0.6~0.7元左右，这个成本不利于企业提高效益，对于茶叶深加工企业的产业化也是一个障碍。”仙洋洋食品总经理陈侹说，受制于用酶成本较高，再加上仙洋洋食品在茶黄素提取技术上也一度难以突破，公司每年的茶黄素产量不足30吨。

一把“金钥匙”

酶的“枷锁”如何打破？仙洋洋食品通过“6・18”项目成果交易会找到了答案。

2014年，仙洋洋食品借助“6・18”平台，与天津科技大学成功对接了“年产100吨天然茶黄素产业化新建项目”。该项目通过天津科技大学转让的“一种茶黄素的制备方法”发明专利，解决了之前制备茶黄素过程中，用酶成本高的问题。

走进生产车间，在成排的、巨大的瓶瓶罐罐中，就可以探访到这种技术的实际应用。

>>>仙洋洋食品已经成为国内许多品牌企业的茶粉、茶浓缩液等原料的供应商（企业供图）

"首先，要把采摘来的茶鲜叶进行破碎，然后放入提取罐，加入纯水，在90℃的温度下，泡上一个小时。"在肖庆翔眼里，这道复杂的工艺可以简单地理解为"泡茶"，但泡的不是贵如金的细嫩芽叶，而是茶人、茶商不喜欢的粗老茶。它们不来自人工采摘，而来自机器收割。

浸泡后，"茶水"冷却到一定温度便可以加入从蓝莓、枇杷、梨子等植物的汁液中提取而来的酶进行酶解，不仅成分天然，而且大大降低了酶的使用成本。

此后，"茶水"还要经过渣水分离、沉淀、大孔吸附树脂、喷雾冷冻干燥等多道工艺不断提纯，最终提取出晶体状茶黄素。"这其中，喷雾冷冻干燥是该项目的技术重点和难点，经过冷冻，茶黄素半成品能做到与空气绝缘，最大限度地提高了产品的质量和稳定性。"肖庆翔欣喜地说，利用这项技术，仙洋洋食品已经能提取纯度高达65%的茶黄素，而酶的成本反而降低至每克0.1~0.2元！

项目于2014年11月建成投产，2015年就为企业新增了2180万元产值，也填补了福建省茶黄素提取技术的空白，有效促进了福建省茶叶深加工行业的发展。

尝到了甜头，仙洋洋食品多次参加“6·18”项目对接活动，先后对接“膜分离和膜浓缩技术提取鲜茶浓缩汁”“膜分离和膜浓缩技术提取鲜竹浓缩汁”等多项科技成果，和天津科技大学、福州大学等高校建立了长期产学研合作关系。2016年第十四届“6·18”，在省科协、宁德科协的协调推动下，仙洋洋食品更是成功与中国工程院朱蓓薇院士对接，签订了“高端功能性保健食品开发”技术项目合作协议，并联合建立“国家海洋食品工程技术研究中心仙洋洋产业化基地”。同时，公司也加强科研投入，先后有“一种保鲜茶的制作方法及其制品”“一种茶叶制品的制作方法及其产品”“一种茉莉花茶及制备方法”等多项专利获得国家发明专利。公司还成为茶浓缩液、茶粉国家标准的起草与制定单位。

“淘金者”的“致富经”

之所以称仙洋洋食品为“淘金者”，是因为除了茶黄素提取，仙洋洋食品用于深加工的茶叶，基本都取自价值不高的粗老茶。

在“百万亩茶园涉及百万人”的宁德，茶农众多，茶叶年产量大。但受制于制茶工艺的要求，除去贵如金的明前茶，夏秋季的粗老茶往往难以卖出好价格。而闽东100多万亩茶园的产量里，有三分之二是粗老茶叶。

“粗老茶、茶叶梗，还有做茶叶过程中筛下来的一些残次茶叶，这些对于茶农来说，价值不高，它们会被大量填埋浪费掉。我们做的，就是把这些废弃茶叶的有效成分提取出来。”陈侹介绍，仙洋洋食品生产茶浓缩液、速溶茶粉、提取茶黄素使用的茶叶，均来自当地茶农的粗老茶。“用量大的时候，一天需要消耗近百吨茶叶。”

事实上，按仙洋洋食品目前的产量估算，企业每年需向当地茶农购进约2万吨粗老茶，这无疑给茶农的增收打开了一条新路子。

>>>仙洋洋食品的生产车间（企业供图）

带动茶农增收的同时，仙洋洋食品也在粗老茶里"淘"到了品牌和财富——企业不仅把"国家高新技术企业""中国驰名商标""国家重点新产品""福建省农业产业化重点龙头企业""福建省创新型企业"等荣誉悉数收入囊中，产品也走出国门，远销北美、南美、东南亚的众多国家和地区。

冠瑞生物：一粒“有身份”瓜子的自白

肖和勇/文

我是一粒来自闽西山城建宁县的瓜子，我的妈妈叫瓜蒌，这里的人都喊她吊瓜。我和我妈妈的“身份”可不一般。Boss林小红为我们注册了绿标“年年福”，一个“很中国”的名字；在包装盒上，你还可以看到一个独特的“二维码”，只要用手机“扫一扫”，关于我们母子的许多“秘密”，包括你们最关心的农残检测结果，一个都没落下。

我是山城“大明星”

先介绍一下我的Boss林小红吧，她是福建冠瑞生物科技有限公司（下称“冠瑞生物”）的总经理。2012年，她跟父亲、亲戚一起创办建宁县汇丰果业专业合作社。正是她，在2012年将我的祖上“皖蒌3号”种苗从安徽农科院引进到建宁这座闽西山城落脚生根。

可能是先天禀赋不足，也可能是水土不服，我的祖上长势和结果都让人不太满意。于是乎，Boss不断从我们娘家引进新生力量——我的曾曾祖母、曾祖母和祖母都来了。2013年，第十一届“6·18”项目成果交易会上，冠瑞生物还与福建农林大学植保学院对接，引进专家共同开发“皖蒌6号”吊瓜新品种。为了能照顾好我的祖上，2015年第十三届“6·18”上，在建宁县当地农业、发改部门张罗下，安徽农科院与建宁县汇丰果业专业合作社签订科技转化成果合同书，引进全套的良种繁育和栽培技术。

2016年春天，作为七代单传的独苗——“皖蒌8号”——我的妈妈来了。后来的种植实践也证明，我的妈妈好生养、果籽大、抗病强，产量还挺高，真

>>>吊瓜种植基地（肖和勇/摄）

是“万千优点集一身”。

林小红说，2016年，以建宁县为中心，“皖蒌8号”种植基地已辐射推广至尤溪、将乐、宁化、邵武、建瓯等地及江西省抚州市，种植面积达9300多亩。2017年，合作社在湖南、四川两地新增了1000亩的种植面积。如今，在建宁县，我的妈妈“皖蒌8号”知名度可高了，按建宁县农业局洪渊副局长的话说，已经成为当地农业的“明星”产品。

霜降过后，吊瓜收获的季节就到了。有道是“忽如一夜霜飞时，瓜棚架下黄澄澄”，我们吊瓜一沾霜露，果皮立马变黄，就可以采摘了。将吊瓜摘下晒干，去了果皮，就是粒粒饱满的籽啦。此后，我们上了车，离开田间地头，来到福建冠瑞生物科技有限公司的炒制车间。农残检测结果合格之后，在这里，我们被加工成食品瓜子——除了原味的我，我的一些小伙伴还会被炒制成奶油味或者话梅味。此后，我们被小心装入包装袋、礼品盒，贴上二维码，踏上了新的旅程。

现在，我再跟你说说那个二维码的秘密。那是农产品质量安全信息追溯平台的终端呈现。从2016年开始，在建宁县农业局的帮助下，8000多亩的瓜田以及公司炒制工艺车间都安装了摄像头，可视化信息接入福建省农产品质量安全可追溯平台。如此一来，我们的产地以及施肥、用药、除草，还有你们人类最关心的农残检测结果——从田间到舌尖，都没啥秘密。

>>>冠瑞生物总经理林小红展示农产品质量安全追溯系统（肖和勇/摄）

Boss心中的“生意经”

Boss好像对什么都记得精准，关于我的一切都能娓娓道来。她不止一次说过，作为一个生意人，说好“吊瓜的故事”亦是商机。

Boss说，2017年，公司将建立自己的网站，在淘宝、京东打造自营的旗舰店，打通电商营销的“最后一公里”。她还透露说，目前正在与江浙沪一些连锁餐饮公司商谈合作，与成都、广东一些食品企业、经销商洽谈产品深度开发。

林小红算过这样一笔经济账：公司每年采购、加工400多吨瓜子，约占国内市场份额的四分之一，年产值3000多万元。按照每斤23元的保护价从农户处收购，加工之后推向市场的瓜子均价在每斤38元左右。扣除成本，当前瓜子深加工的附加值，约是每斤8元。她认为，这样的附加值不算高，还有很大的提升空间。

我们吊瓜全身是宝，Boss也在想着如何充分挖掘利用。她发现，青涩的瓜皮比成熟晒干的瓜皮能卖更高的价钱，怎么开发瓜皮，得好好想想；她还发现，第二年生长的吊瓜根茎肥厚，产量比第五年大得多，而根茎能做成天花粉……她的经济头脑，真是叫人惊喜。

可我知道，Boss这些“生意经”背后，下着一盘叫作脱贫致富的大棋。

种瓜得瓜“拔穷根”

听Boss说，当年创办建宁县汇丰果业专业合作社，就是希望以“合作社+农户+基地”的模式建立无公害吊瓜种植示范基地，基地里的村民种植的吊瓜，公司全部保底回收，以此可以带动家乡群众共同致富奔小康。

经过多年耕耘，建宁县汇丰果业专业合作社的“版图”，早已越出闽西山城，辐射至三明市多地，甚至推广到江西、四川、湖南。在三明市境内，这个合作社发展了150多个社员，带动800多户农民种植吊瓜。2016年，单靠种植吊瓜，农户年均增收2万多元；这些农户当中，有100多户是当地建档立卡的贫困

>>>在建宁县汇丰果业专业合作社的一处吊瓜示范种植基地，第二年生的吊瓜早早发芽（肖和勇/摄）

户。在过去的一年里，一批种吊瓜的困难户，已经摘掉了贫困的“帽子”。

林小红还有很多打算。她说，瓜子产品应再细分做精，进一步提升附加值，每年给农户的保护价必然要上涨；瓜皮、根茎药用价值高，千万不能浪费资源。

对困难户来说，吊瓜种植的痛点，在于头一年的投入。根据测算，包括设施、种苗、施肥、喷药，每一亩瓜田的硬成本为3250元。之后，每亩瓜田成本将降至1800元至2200元之间；公司和合作社在设施、化肥、农药上推行批量采购模式，再分发给农户——这又压低了价格，节省了开支。林小红说，公司和合作社还推出了“扶贫套餐”：农户缺资金的，可提供小额贷款担保；农户缺技术的，有专人帮扶培训；因病、因灾致贫的，可提前获得农资支持。对于一些情况特殊的困难户，视情况可全免农资。

55岁的王克昌种了30亩吊瓜，2016年收入十多万元，这比进城打零工赚的钱多了不少。建宁县困难户饶国华和林儒秀夫妻俩，就是靠着这些“扶贫套餐”种了20亩的吊瓜，2016年拔了“穷根”。林儒秀说，吊瓜一年一年种下去，好日子就在前头。

闽西山城建宁县是福建省23个扶贫开发重点县之一。我从本地媒体的报道中了解到，2016年建宁县有806户、2420人脱贫，占贫困人口的45%；2017年，精准扶贫工作依然艰巨。做好一粒瓜子的买卖，让农户增收、帮困难户脱贫，这是当地产业扶贫的一项重要工作。

我记得我妈妈说过，看着许多农户因为我们生活有了改变，日子越过越好，真心感到高兴。作为一粒瓜子，我的“获得感”，真是满满的。

依拍拍：农特产品网上拍卖

辜英　苏婷/文

也许你见过艺术品拍卖、古玩拍卖甚至房子拍卖，但是你见过农特产品拍卖吗？

"2016第十四届"6·18"项目成果交易会上，八款获奖的武夷岩茶成为拍卖主角，在'6·18'现场展开了一场别开生面的茶叶拍卖。"4月6日，福建依拍拍农产品拍卖服务有限公司（下称"依拍拍"）董事长陈翚自豪地告诉记者。

首创"互联网+农产品"拍卖

初到依拍拍，陈翚董事长见面的第一句话是"你要拍我，我也要拍你"，于是笔者便成为第二天依拍拍微信上的素材。显然，这个身高一米八的董事长是个"厉害"的角色。

>>>依拍拍董事长陈翚（企业供图）

1979年出生于福州的陈翚，是个凡事都力争第一的人，也是个成功的新生代企业家。他充满激情地对笔者说："土地给了我前行的哲学般深邃的力量，也一次次灌注了我心头关于青春和创新的梦想。"虽然出生在城市，但他却对乡村和土地有着一份深沉的爱。

一次出差，陈翚在福建建瓯偶然发现，来自全国各地的经销商和代理商在各个村里采购时，采用的是竞价拍卖的方式。这不但解决了之前农产品定价方式的缺陷，也让农民可以根据市场需求竞价式销售农产品，体现了农产品的品牌价值。

陈翚经过半年的调研认为，农产品拍卖是今后的大势所趋。随着互联网的普及，“互联网+农产品”给农产品销售带来新机遇，他决定将互联网引入农产品拍卖中。2016年3月，基于“拍卖+农业+互联网+金融+物流”理念的全国首个农产品电子交易平台——侬拍拍正式上线。

亮相“6·18”

万丈高楼平地起。2016年5月，侬拍拍秉持着“以人为本、以农为本和以你为本”的理念，围绕优质农产品生产基地孵化，在建瓯市成立了第一家子公司，建立建瓯农产品拍卖交易示范点，成功打造了农产品拍卖电子交易模式：

>>>2016年“6·18”，中拍协授予福建侬拍拍“全国农产品拍卖试点单位”（企业供图）

结合农产品拍卖电子交易平台，通过线上线下拍卖交易的方式，把农产品从产区分销到全国各地。

2016年6月18日，依拍拍亮相第十四届"6·18"项目成果交易会，通过"6·18"平台，让更多的人知道了农产品拍卖，也让相关部门开始关注这个项目并给予大力支持。依拍拍以农产品电子交易为基础，积极尝试探索农产品线上拍卖新模式，实现线上线下联动，解决农产品在批发定价、交易、利润分配、供需信息匹配等方面的难题，并且帮助没有劳动力的困难户卖出产品，助推精准扶贫。为此，中国拍卖行业协会授予依拍拍"全国农产品拍卖试点单位"称号。

创新一直在路上

"通过'6·18'平台的推广，越来越多的人熟悉并接受了依拍拍。我记得2016年10月13日，福州华威新西营里农贸市场批发商欧女士清点140公斤建瓯锥栗后，依拍拍的第一个订单就算正式落地了。"陈翚回忆道，"这些建瓯锥栗是她前一天通过依拍拍农产品网络交易平台竞得，我们的工作人员一大早就把货送到了店门口。她作为依拍拍平台的第一个客户，仔细检查并清点货品，连连称赞平台为她带去了方便。"

在大家的共同努力下，刚推出不久的依拍拍就取得了不错的成绩：2016年10月，依拍拍为30余万斤的建瓯农产品提供拍卖服务，月拍卖交易额超百万元。其中，农产品类别涉及锥栗、冬笋、玉米、辣椒、黄瓜、柿子、柚子、百香果等当地名特农产品。同年11~12月，农产品拍卖交易额突破200万元。

陈翚没有被成绩冲昏头脑，在别人喝彩的同时，他注意到了依拍拍存在的问题："简单地把线下的拍卖用移动互联网的方式实现这个模式是错误的。建瓯线下拍卖已经是一个完整的闭环，农民觉得没有必要到线上去拍卖，让依拍拍拍卖的都是一些在当地卖不出去的产品。这种模式损害了原先做线下拍卖的经销商的利益。"所以，依拍拍在推动过程中碰到了很大的困难。

>>>侬拍拍创新团队（企业供图）

2017年1月至3月，侬拍拍做了重大的改革创新，将平台进行了系统升级：为了更好地将农产品拍卖与互联网对接，侬拍拍与中国领先的农业互联网公司——北京奥科美技术服务有限公司共同开展农产品拍卖活动，借助双方优势，共同推进农产品流通，实现农产品市场上的优质优价。

此外，为了打造农业信息化企业合作联盟，促进农产品电子商务事业的发展，推动农产品上行，侬拍拍也和福建省最大的农业信息化领头企业——福建鼎天农业科技有限公司进行电子商务合作，在政府的支持下开展农产品上行。同时，侬拍拍不再拍卖所有农产品，而是拍卖具有地理标识的农特产品，将更多“一县一品”的品牌价值推广出去。

“在政府的扶持下，在政策的推广下，农产品区域品牌化建设越来越重要。农民不再像一开始那样担心互联网拍卖模式，他们也看到了线上拍卖范围广、用户多等优点。”陈翚对我们说。

淘尽黄沙始见金

俗话说，每个成功男人的背后都有一个伟大的女人。陈翚却说，他的背后，不仅有一个伟大的女人，还有两个伟大的“家庭”。

“每天早上醒来，我就想着公司的发展，企业的方向。创业这几年我在家里的日子屈指可数。”说到这里，一米八的陈翚语气有点哽咽，“去年至今我一直在奔波，实地探访，对接资源。开弓没有回头箭，既然选择了，我就要有破釜沉舟的决心。”

陈翚表示，“我的另一个家庭就是集团这个大家庭。”他重视企业的发展，重视每个员工的成长。他像对待家人一样对待每一个员工，切身保护他们的利益。

淘尽黄沙始见金。陈翚的一句话深深触动了我，“不是每一个人都适合创业，创新就更加不容易。我们依拍拍还将继续创新下去，借助‘6·18’这样的平台继续扩大影响，让更多具有地理标识的农特产品上线拍卖！”

第四章 政府扶持——四两拨千斤

科技成果转化为现实的生产力需要技术交易市场的发展。“6·18”平台为推动科技成果产业化贡献卓著，充分发挥了市场这只“看不见的手”的作用。而另一只“看得见的手”也在“四两拨千斤”：无论是出台促进项目成果转化的扶持办法，还是设立“6·18”产业基金，政府这只“看得见的手”让“6·18”的项目像一颗颗金蛋孵化出了一只只金凤凰。“6·18”平台的建设和发展，既有力地推动科技项目成果交易转化市场化，又进一步促使政府出台的政策措施更加符合科技与产业的发展需求。

南方制药：中国“格列卫”剑指国际技术壁垒

肖和勇/文

黑夜中些许亮光的闪动，总能给人以温暖、力量和方向。多年以后，李永、杨继东依然相信，在攻克技术难关的路上不轻言放弃，终究能穿过黑暗，迎来光明。

李永与杨继东所在的福建南方制药股份有限公司（下称“南方制药”），正在进行一项世界前沿抗癌药物——甲磺酸伊马替尼的合成生产。这种俗称“格列卫”的口服抗癌药物，因国外专利技术壁垒，在过去十多年间，国内一直未能实现规模化生产。南方制药的仿制药——中国“格列卫”上市之路，迄今已走了7年。终于，经过漫长的摸索，药物的生产批件，有望在这两年内取得。中国“格列卫”即将批量产出，给万千癌症患者带来福音。

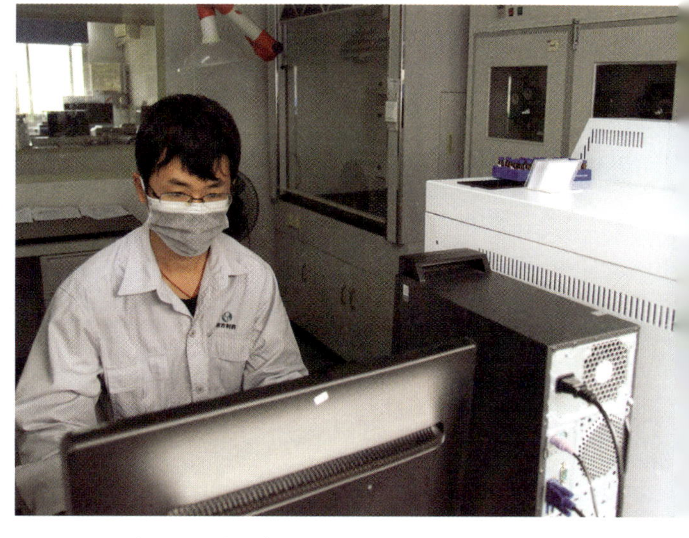

>>>南方制药技术人员正在实验室工作（肖和勇/摄）

被扼住的“咽喉”

“格列卫”在治疗癌症的过程中充当了一个“超级杀手”的角色。它能选择性地靶向已发生病变的阳性细胞和正在发生病变的新鲜细胞，有针对性地抑制其增殖，逐步诱导其凋亡；与此同时，这个“超级杀手”还颇有“合纵连

>>>在药物制剂大楼内，技术人员正在工作（肖和勇/摄）

横”谋略，它能迫使血小板源性生长因子（PDGF）受体蛋白激酶、干细胞因子（SCF）和c-Kit受体的酪氨酸激酶“站队”，少添乱少搅局，从而抑制细胞因子之间的信号转导行为，避免更多病变细胞扩散。

“格列卫”扼住了部分癌症的“咽喉”。临床治疗表明，其对于慢性髓性白血病、恶性胃肠道间质肿瘤等癌症疗效显著。作为全球第一个获得批准的靶向口服抗癌药物，“格列卫”的临床应用还开启了一种全新的机制，它将“药物作用靶的”推至细胞、分子层面。

这种药物在1993年问世并获得国际专利，专利保护期为20年。2001年，瑞士诺华制药公司将其制成药剂，在美国获准上市。上市当年，营收就达1.65亿美元，到2007年全球销售额更是飙升至47亿美元，并以每年20%以上的速度增长。

国际专利技术保护形成的壁垒，使国内“格列卫”用药全靠进口，仅2012年一年，国内进口的“格列卫”药物就达5亿多元。昂贵的进口药，对许多癌症患者来说是不能承受的负担。李永坦言，那些年不论听谁说起“格列卫”，都觉得如鲠在喉，“我们需要药物来扼住癌症的‘咽喉’，但我们不能被技术壁垒‘扼住咽喉’！我们一定要想办法突破。”

2008年，距瑞士“格列卫”专利过期尚余5年，但另一个不容忽视的时间节点更显紧迫：根据国家药品注册管理办法，专利药到期前2年内可提出注册申请。因此，谁先取得技术突破并抢注成功，效益不言自明。

时间已然不多了，而就在这一年，上海百灵医药科技有限公司（下称“上海百灵”）的一个技术团队，开始专攻“格列卫”合成路线。“当时听到这个消息，我们都非常兴奋和关注。”如今已是南方制药总经理的李永回忆说，当时，南方制药和上海百灵还是“术业有专攻”的商业合作伙伴，南方制药很快拿出500万元，支持上海百灵开展这项研发工作。

“搭积木”的精密实验

到了2010年，上海百灵已成为南方制药的全资子公司。这场并购使两家企业“强强联合”，中国“格列卫”的研发日程，也因此驶入了“快车道”。

但对于科研人员来说，“格列卫”的合成路线从零起步千难万难。后来加盟南方制药担任研发总监的杨继东说，彼时，研发人员身上，一种油然而生的责任感常压在心头，大家都急切地想找到突破口。经历许多次的失败，科研人员终于找到一种叫作伊马酸的医药中间体，通过它，制备出另外一种医药中间体——哌嗪酸甲酯。随后又用哌嗪酸甲酯与伊马胺进行化学反应，得出第2种新的医药中间体——伊马替尼游离碱粗品。看起来，离成品似乎又前进了一大步。

>>>在药物制剂大楼内，技术人员正紧张工作（肖和勇/摄）

“其实不然，每一步都走得异常困难。”科研人员介绍，面对这一新的医药中间体，怎么进一步提取、推进，研究方案改了又改，实验做了又做，这才得到第3种医药中间体——甲磺酸伊马替尼粗品——甲磺酸伊马替尼的雏形。

杨继东说，在整个合成线路探索中，每一个医药中间体的诞生，就像搭积木一样，要不停地建构，不停地组合，不停地拆卸，不停地复盘，最终才稳固下来；此间的种种猜想、设计和实验，结果可能无功而返，可能不尽人意甚至叫人沮丧。"但不管怎么样，每进展一步，都能看到一些希望之光。这就像黑暗中的亮光，给人力量和方向。"

在经过数百次精细实验之后，科研人员终于解开最后一道"密码"——他们将甲磺酸伊马替尼粗品多次游离、结晶、成盐之后，掌握了这项精制工艺，获得甲磺酸伊马替尼的原料药。"幸福终于来敲门"——"格列卫"合成路线打通了。

这时，正是2012年的春天。

"6·18"成果转化：为生命"注资"

2012年对于南方制药和上海百灵来说，也是发展史上一个重要的节点。瑞士"格列卫"专利保护就要过期，南方制药和上海百灵联手攻克的这项专利技术，成果转化工作被迅速提上日程，必须马不停蹄地推进。

在这一年的"6·18"项目成果交易会上，南方制药和上海百灵对外宣布，"一种甲磺酸伊马替尼合成方法"已获得国际PCT专利，南方制药获得独家开发权和国际专利授权。同样在这一年年底，南方制药口服制剂大楼建成，开始试制成品药"格列卫"。

2014年，"甲磺酸伊马替尼合成生产项目"被列入"6·18"项目成果转化资金项目中，获得福建省发改委专项资金扶持。截至目前，这一项目已完成投资1335万元，建成一条年产甲磺酸伊马替尼5000公斤的生产线。

李永介绍说，2016年初，南方制药生产的甲磺酸伊马替尼已获得临床批件，目前正在进行人体等效性临床实验。预计在2019年左右，中国"格列卫"将批量上市。

>>>南方制药药物制剂大楼外景（肖和勇/摄）

对于许多中国癌症患者来说，中国“格列卫”上市，不啻是重大利好。李永说，当前进口的瑞士“格列卫”每瓶售价在2.5万元左右，而南方制药上市的“格列卫”售价将只是其十分之一左右。

对中国医药界来说，十多年间一直是舶来品的“格列卫”及其产业链，到时候将被国产的“格列卫”取代。同时，中国“格列卫”也将走出国门，给全世界癌症患者带去福音。而仅就这项药物来说，其每年将给南方制药带来3000万元以上的营收，实现税利200万元以上。

这项专利成果的转化，也让南方制药跻身国内靶向抗癌药物企业之列。李永介绍，除了甲磺酸伊马替尼，公司尚有多种靶向抗癌药剂获得临床批件，目前也在进行人体等效临床实验。

创建于2001年的南方制药，也是目前中国最大的紫杉烷类原料药生产基地及全球紫杉烷类产品最重要的供应商之一，产品占全国市场的60%、全球总量的20%以上。2014年10月，南方制药成为三明市首家新三板挂牌企业。2015年第十三届“6·18”之后，南方制药与福建省林科院、中福海峡（平潭）发展股份有限公司合作，开始联合对南方红豆杉进行品种选育，并成功选育出紫杉醇含量达万分之八十的红豆杉。2016年第十四届"6·18"，南方制药又与匈牙利洛特斯龙科技有限公司成功对接，在技术领域达成全面战略合作关系，提升对紫杉醇的提取技术水平，进一步提升产品加工质量，降低生产成本。

暮春时节，南方制药厂区一片宁静，技术人员在车间里埋头忙碌着。厂房外，种了10多年的红豆杉，已长得根深叶茂、郁郁葱葱。

采写手记:

9年，是一段不长不短弥足珍贵的时光。对一个人来说，不论处在何种阶段，都是不可辜负的大好年华。对一家企业来说，不论处在何种阶段，也是虚掷不得的黄金时段。从2010年"强强联合"到2019年产品即将上市，一种救治生命的药物从研发到应用，此间进行的探索、突破之路，何其艰辛。

我们不只是为一家企业书写奋斗史，也是选取一些有温度的切面，窥见中国医药产业在国际壁垒之下的自强之路。我们相信，这样的故事，是值得记取的。

三维码科技：改变世界编码格局的雄心

刘默涵/文

"从三维码编码技术问世，到成为厦门市'双百计划'重点引进项目，再到现在拥有600万个人用户和上万家企业用户，我终于可以说，这项可能改变世界编码格局的事业走上了快车道。"4月10日，三维码（厦门）网络科技有限公司（下称"三维码科技"）CEO陈绳旭向笔者谈起了自己的创业故事。

一个"低级错误"引发的革新

说到三维码的诞生，背后有一个小故事。

"我有个朋友经营一家酒类销售公司，有一次工人没有仔细分辨就把本该贴在白酒上的二维码贴在了养生酒上，消费者一扫，文不对题，还以为买到了假冒伪劣商品。这样看似低级的错误除了要企业重新回收商品外，还造成了看不见的品牌和信誉损失。"

受到这件事的启发，陈绳旭认为，应该有一种可视化的编码，它比传统的二维码更具有可识别性——让肉眼就可以辨识。

这灵机一动的想法，成了后来三维码诞生的一粒种子。

陈绳旭的工作一直与编码相关。大学毕业后，他先后辗转英国、瑞典、韩国等地学习编码技术。他熟知一维码和二维码的编码规则，也知晓它们的局限性。当前普遍采用的二维码，除了肉眼难以识别外，还因为采用开放式的应用系统，在保密性和安全性上有一定的隐患。

在陈绳旭的构思中，一种信息容量更大、保密性和安全性更高、具有肉眼可识别性和可传播性的三维码日渐清晰。

>>>中国工程院院士倪光南（右一）与陈绳旭交流（企业供图）

2015年，陈绳旭作为厦门引进的第八批"双百"人才，创办了三维码（厦门）网络科技有限公司，并出任CEO，开始组建团队专攻三维码编码技术。

据陈绳旭介绍，三维码采用了全新的三维编码和国家编码委员会认可的算法，在相对封闭的环境中运行，其保密性能远优于所有的开放式二维码应用系统，是一项具有自主知识产权和全球首创性的技术。

"由于有专门的后台对三维码进行认证和保护，使得三维码的使用更加安全。"陈绳旭通俗地解释说，二维码好比采用开源系统的应用，安全隐患就大，三维码则类似采用不开源系统的应用，所有的内容都需要后台审核，因此安全性更高。例如，"3·15"晚会曾经报道扫二维码后信息被盗窃或遭受病毒攻击，在三维码时代，因为管理更为严格，理论上就不会存在此类问题。

除此之外，三维码由于加入了图像，可以看作是一个单独的作品，可以对它进行版权登记保护和备案，大大增强了使用的权威性。

改变世界编码格局的梦想

三维码研发成功后，陈绳旭开始带着他的成果“南征北战”，开启了推广之旅。

近两年来，三维码先后获得“2016物联中国——最具投资价值十强项目”、中国冠兰杯创新创业大赛冠军、福建省互联网经济创业创新大赛亚军等诸多奖项。

2016年，三维码科技设专馆亮相第十四届“6·18”项目成果交易会，并且得到了一个重要的发展机遇：福建省招标采购集团和“6·18”产业股权投资基金负责人在展会上深入了解三维码后，经研究决定一起投资入股三维码科技。

自从获得“6·18”基金“加持”以来，陈绳旭感觉到他的公司走上了发展快车道，在三个方面得到了明显助力——资金、人才和资源的整合导入。

“6·18”还让陈绳旭和厦门理工学院校长陈文哲走到了一起，陈校长带来了厦门理工学院一批专注于人脸识别技术研发的专家学者。双方深入交流后一拍即合，签订了“三维码智能人脸识别系统的研发与应用”项目合作协议，对未来的技术开发进行必要的储备。

在“6·18”的牵线搭桥下，三维码科技还和一批国有企业、大型企业有了更深的接触，一些三维码行业应用产品正在探讨中，有些则直接形成了合作订单。如，金日制药（中国）有限公司就和三维码科技签署了三年增值服务合作协议，目前已将三维码技术应用到公司产品微展厅、VR全景等。

>>>二维码与三维码（企业供图）

三维码技术的应用还得到了厦门市公安部门的关注。2017年初，厦门市公安局禾山派出所为每一名社区民警印制了三维码名片，总共印制20万份，按照民警辖区张贴，实现全覆

>>>厦门市公安局相关负责人到三维码科技考察产品，并探讨如何将三维码导入警用领域（企业供图）

盖。这张具有可视化、保密性、稳定性特点的三维码名片，让群众一看上面的头像，就知道是哪位民警的名片；生成的三维码别人无法仿冒，群众用手机一扫就可以轻松获取民警的信息。

厦门市公安局还把这项技术试用于基础信息采集工作中。群众用手机扫一下《入户访查公告》上印有社区民警头像的三维码名片，就可以进入采集系统，填入真实准确的信息后，就能网上预约申请居住证的时间和地点，方便了群众，也提高了基层民警的办事效率。据统计，试点街道不到半个月就完成10万人的信息采集工作。2017年3月，公安部机关报《人民公安报》刊发《厦门：三维码助基础信息采集提速增效》一文为此点赞。

截至目前，已有100多家世界500强企业陆续与三维码科技展开合作，三维码技术被广泛应用于印刷品、户外屏幕乃至互动电视等商业领域。

“一维码是美国人创造的，二维码是日本人创造的，如今我们创造了三维码。”站在各大活动舞台上展示自己研发的产品时，陈绳旭都会忍不住重复这样一句讲了无数遍的话。他心中一直有个梦想，就是让三维码技术有朝一日能够改变世界编码格局，让“中国码”走向世界舞台中央。

采写手记:

人们常说，一个好的创客，除了有好项目之外，还得有好口才。陈绳旭无疑就是这样一个人。和他相处，你会发现他是一个善于总结的人，一份薄薄的PPT常常就能博得投资人好感。他同时也是一个不爱说废话的人。简单、直接、有效的沟通是他奉行的行为之道。作为一名旁观者，我无法完全体悟他作为一个创业者的辛酸与艰苦。但是，我始终相信，长风破浪会有时，努力者的明天会更好！

三金电子：深耕高精尖小配件　实现“创新价值”

刘应平/文

初见宁利华，他像多数专心研究技术的人一样不善言辞。作为福建省南平市三金电子有限公司（下称“三金电子”）董事长、长期致力于电子封装陶瓷技术研发的“过来人”，他以沉稳平静的语气，给我们讲述了一个他与团队创新的故事。

本着一定要成功的决心

宁利华的讲述将我们带到了改革开放初期。当时，中国电子产业正从二极管、三极管封装技术逐步转到集成电路封装上。时任南平市无线电三厂技术副厂长的宁利华作为代表参加了宜兴电子封装外壳研讨会，这场会议给他留下了深刻的印象。“当时国内这个行业知名的专家学者几乎都来了，大家一起探讨该如何突破IC陶瓷外壳技术。那会儿国内该技术都是从日本引进，中科院、电子部、机械部等就发出号召，让我们各个单位合作研制，可以说是众志成城，大家斗志很高。”宁利华说，后来航天部与福建省联合成立了研究中心，致力于此项技术开发，他成了这个研究中心的主要研发成员。

>>>宁利华介绍各种小而精的配件（刘应平/摄）

由于电子工业的发展及军工生产的需要，当时半导体芯片的需求量呈成倍增长之势，因此，集成电路黑陶瓷低温玻璃外壳的需求量也随之增加。“尽管黑陶瓷低温玻璃外壳在世界范围内已经很普遍了，可在中国却很难突破，全国仅有4家企业在生产，而且由于军用要求极其严格，生产出的产品质量不能达标，这些企业都相继倒闭了。”宁利华讲道。

宁利华坦言，本着一定要成功的决心，他成立了如今的南平三金电子有限公司，全身心地投入到技术攻坚当中。刚开始，他们团队只能用原先掌握的技术做一些小体量产品，以维持公司研发开支，而员工工资都是他用自己原有的积蓄在支付。“我们全家都在夜以继日地工作，连值班人员都雇不起，那会儿没钱装自来水管，车间里的电镀工艺、清洗等环节又必须用水，我们就想了一个办法，半夜弄一根管道，从一两公里外引水过来，为了不让来往的车辆压坏我们的管道，我们就好几个人举着旗守在路旁。”宁利华打趣地说道，“连生产设备都是我们自己做的！”

>>>三金电子检测车间（刘应平/摄）

一边是艰苦的研发环境，一边是难以解决的技术瓶颈，宁利华团队苦苦熬过了前面的两三年。

困难一个一个地解决

永不放弃之人总会得到上天的眷顾。“宁波、宜兴、新化这些厂子当初有的引进了美国生产线，有的引进了半成品覆盖铝引线框架，最终却面临着倒闭的结局，那个时候他们就以极低的价格把半成品引线框架等零配件都处理给了我们，给予我们很大的支持。”

宁利华团队首先对玻璃加以改进。然而，一开始质量还是不过关。“我们也有引进国外组装生产线进行研究，但最初玻璃成品还是不够稳定，发现问题后我们就去甘肃的871厂这些军工客户那边把产品运回来，重新加以解决。”宁利华说，虽然公司生产的是小配件，但其中的技术含量高，各项工艺也较为

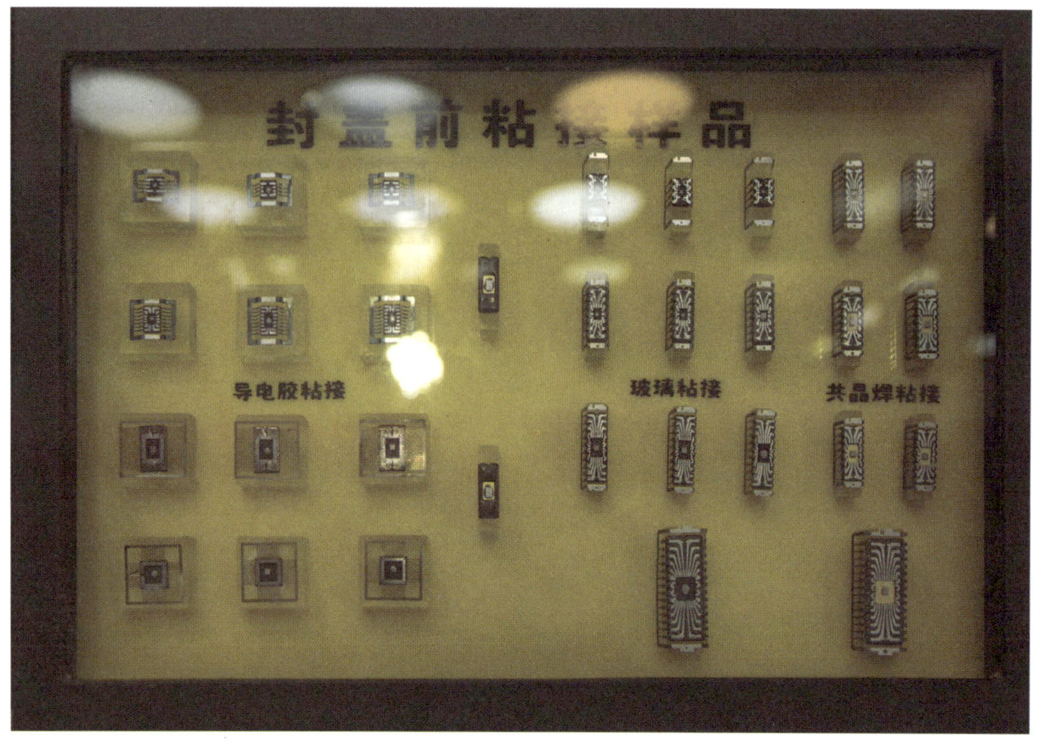

>>>小配件自有大作为（刘应平/摄）

复杂，不能出任何差错。

后来，宁利华团队又发现玻璃气密性不够好，耐酸度也不够，电镀后易腐蚀，经过集中的探讨，又在配方上重新改进。宁利华说，困难一个接着一个出现，他们便一个个地去解决。宁利华还主动向北京建材科学研究院玻璃一厂的工程技术人员寻求帮助，创新地在玻璃浆料中选用适当的黏结剂，彻底地解决了排胶问题，达到稳定的性能。

2000年，在多方努力之下，三金电子逐步改进了各种问题，以品质打动了客户。IC黑瓷外壳业务迅速扩大，“收获了真正意义上的第一桶金”。2002年，公司赢得了世界500强之一的美国康宁公司的认可，从而打开了国际市场。

在此技术基础上，宁利华团队又开始着手做起了晶体振荡器陶瓷封装金属盖板。“随着手机、静态数码相机、电脑主板、笔记本电脑和视频游戏的不断发展，晶体振荡器的需求量预计会出现较大的增长，这也必然带动振荡器封装盖板需求量增长。”宁利华抓住了行业发展机遇。

虽然，这也是国内厂家长期面临的一个技术大难题，但有了核心技术基础的宁利华团队对此充满自信，他们从电镀工艺与模具技术上加以改进，很快就能批量生产。经过市场调研分析，晶体振荡器陶瓷封装金属盖板在世界范围内需要50亿片，三金电子便年产20亿片，出口至美国、德国、俄罗斯等国家，同时占据了国内80%的市场。

2013年，三金电子被福建省科技厅授予“陶瓷封装材料企业工程技术研究中心”。在宁利华“创新永远没有尽头”的理念下，三金电子又与清华大学、复旦大学专家开展产学研合作，实现了从双列式到扁平式封装外壳改进等，使其产品体积、重量大幅度减小。

创新永远没有尽头

谈起三金电子所取得的成就，宁利华指出，“6·18”所带来的实际作用功不可没。

“身为福建企业，每年‘6·18’我们都会参与，在展示自身成果的同时，也可以了解别人的技术，获得前沿科技信息，开阔自身眼界。同时，我们也借助这个平台积极申报优秀项目。今年'6·18'我们又报了'一种IC黑陶瓷低熔玻璃外壳覆盖铝引线框架'项目。"宁利华谈道，在"6·18海峡两岸职工创新成果展"上，三金电子已多次获奖，其中2013年"电子封装金属盖板"项目更获得了金奖。

据介绍，在南平市发改委、科技局等相关部门的支持下，三金电子共获得了三次省发改委"6·18"项目成果转化扶持资金的支持，其中一次是LED照明灯具的产业化。"2009年我们获得LED陶瓷COB封装项目成果转化资金支持，将这笔钱投入到研发中，新项目上得也比较快。"宁利华欣喜地说道。

宁利华介绍，公司采用COB陶瓷封装技术研制的半导体发光二极管底座，具有导热性能好、结构优异、绝缘性好、成本较低等优点。目前，该项目新增了两条LED照明生产线，年新增生产能力50万套，新增销售收入可达2800万元。"这个LED光源无灯丝、工作电压低，使用寿命可达5万到10万小时，寿命较长，此外生产中无有害元素，使用中也不发出任何有害物质，无辐射干扰，利于绿色环保，可以说我们的产品也有很好的社会效益。"

如今，在宁利华的带领下，三金电子深耕一个个高精尖小配件的领域，走出了一条独具特色的发展道路。宁利华说："现在电子产品更新换代很快，技术研发必须要跟上，三金电子最有价值的东西也在于此，接下来我们将继续竭尽全力用创新助推产品升级。"三金电子公司的口号是"努力、努力、再努力；创新、创新、再创新！"。它告诉我们：创新才是企业发展不变的主题。

永越智能：以“工匠精神”弄潮工业机器人

苏文土　唐若薇/文

随着“中国制造2025”的推进，“机器换人”成为大势所趋，机器人在中国市场的销售量已连续四年蝉联世界第一。但与此形成鲜明对比的是，国内本土品牌机器人仅占消费市场的4%，国产机器人大量关键零部件仍然依靠进口。

国内工业机器人如何突破低端产能过剩，迈向中高端？“工匠精神、技术协同、创新人才”，这是福建永越智能科技股份有限公司（下称“永越智能”）总经理陈逢章，一个见证了中国工业机器人十几年发展历程的80后开出的药方。

>>>永越智能生产的激光自动切割机器人系统（企业供图）

机器人不只是机器

说到机器人，"机器换人"的思路和做法已经普遍形成。"机器换人？我觉得这是把机器人看扁了。"陈逢章坦率地说。他认为，正是这种思维，导致了很多国内机器人生产企业只是按照预先编制的程序设计开发机器人，让它们进行简单重复的运动，"这不是机器人，是机械手。"他说。

"简单的替代人工模式导致了机器人领域的门槛降低，2011年，我创办福州永越自动化工程有限公司时，全国大约有400家机器人制造、服务企业，如今已经超过4000家。但这4000家企业中，大概只有5%的企业年产值能够上亿元，也只有20%的企业年产值能够在2000万元以上。"在陈逢章看来，就是因为行业门槛较低，企业自主创新能力较为薄弱，才导致了低端产能过剩。

>>>永越智能机器人参展2016年第十四届"6·18"（企业供图）

在业界，普遍将机器人产业链分成上、中、下三个层次：上游是核心零部件，主要是减速机和控制系统，相当于机器人的“大脑”；中游是机器人本体，即机器人的“身体”；下游则是系统集成商，依赖上游和中游的核心设备做集成品。而在陈逢章看来，不管是上游、中游还是下游，都需要把“工匠精神”摆在第一位，他是这么想的，也是这么做的。重庆大学软件工程专业研究生毕业后，他先后就职于兴林自动化设备、艾格赛尔喷涂设备、上海ABB等与工业机器人相关的大型企业，做现场、做技术、做维护、做工程管理，他几乎把工业机器人的研发、生产各环节的工作都干了个遍。有了这样的积累，陈逢章才于2011年创办永越，开启创业之路。也是因为“工匠精神”，在创办后的几年内，陈逢章一直专注于他和团队人员最熟悉的机器人自动喷涂系统的开发设计与应用这一领域。

在创办初期，永越智能代理日本安川涂装及工业机器人、法国艾格赛尔喷涂工具等，然后开始慢慢根据客户的要求，提供咨询、设计、制造、安装、调试、服务等完整的系统解决方案，进入了行业的“下游”。在此基础上，公司又陆续组建电气自动化部、机械应用部、技术研发部等，针对喷涂机器人系统的各个环节，进行全方位的研发，慢慢向“上游”前进。软件方面，永越智能先后获得了喷涂系统、往复机喷涂系统、机器人自动喷涂系统等多个软件著作权；系统方面，永越智能先后开发了喷涂工件自动识别系统、涂料自动混合系统等，并获得国家授权实用新型专利；设备方面，永越智能先后取得了自动转换旋转台、两轴自动取件移栽机、防撞无气喷枪支架等多项专利。在这些新技术、新应用、新产品的配合下，永越智能在行业内的名气越来越大，客户越来越多。2016年，永越智能安装的工业机器人超过70台，产值突破了2000万元，进入了行业前20%的行列。

“混编”夯实创新基础

2015年，中科院海西研究院正准备着手引进一名工业机器人研究人才。当时，陈逢章和他的永越智能在行业内已经小有名气，经人介绍，中科院海西研

>>>永越智能参展2016年第十四届"6·18"获青睐（企业供图）

究院组队到永越智能考察。这次考察，让陈逢章成了中科院海西研究院"人才混编"的第一人，他被聘为该院先进制造技术集成研究所的特聘研究员，成为首位以企业老总身份进入该院的研究人员。

"企业老总到科研院所当研究人员，科研院所的科学家与企业技术人员组成'混编团队'，既促进了科技研究更符合市场需求，更有利于推动科技成果转化。"陈逢章说。

工业机器人是一个横跨多学科的集成应用，大量的基础研究是企业不具备的，有了中科院海西研究院这个"智库"，永越智能在基础研究和多学科创新协作上，一路坦途。永越智能开始全方位与中科院海西研究院展开产学研合作：联合该院杨健博士团队，永越智能将高功率光纤激光器应用于工业机器人的激光切割、焊接，使其效率和精度都大幅提升，这项系统集成技术位居国内先进水平，能够为高端制造提供装备支撑。

走进“6·18”，打开一扇“新门”

在2016年第十四届“6·18”项目成果交易会上，永越智能的机器人不仅吸引着观众的眼球，也收获了福建省招标采购集团和“6·18”产业股权投资基金的青睐。展会结束后，省招标集团和“6·18”基金经过详细考察了解，决定投资入股永越智能。

陈逢章戏言：“机会果然是会从天而降的。参展‘6·18’，原只是想提升企业知名度，没想到一下子让公司有了国企背景、基金背景。”

省招标集团的入股，绝不限于为永越智能带去充裕的项目启动资金这一点，更重要的是为永越智能打开了一扇发展的“新门”。省招标集团权属的信息技术公司、经纬测绘公司、检测公司、智能养护公司等在人才和技术的储备

>>>永越智能在第十四届“6·18”上展示工业机器人技术产业化（企业供图）

方面与永越智能有着不少的互补，通过资源整合，永越智能将与他们联合开发"视觉自动识别系统"等，以迎接人工智能时代的到来。

如今的永越智能，获得了高新技术企业认证、软件高新技术企业认证，已经和安川、ABB、西门子等国际知名公司形成战略合作关系，同时承担了安川在福建地区的机器人售后技术服务业务。公司开发的智能装备自动化喷涂技术、静电旋杯喷涂系统等已在众泰汽车、长安汽车、福建奔驰等众多企业成功应用。2017年第一季度，永越智能已安装机器人35台，根据合同估算，2017年将突破150台，实现产值超亿元，从而进入行业前5%之列。

南平虹润：创新成就科技小巨人

辜英　刘应平/文

在虹润精密仪器公司（下称“虹润公司”）的展示馆里，罗列了一串大名鼎鼎的用户名单，涵盖航空航天、国防军工、核电、高铁等诸多重要领域，包括中国空间技术研究院、中国航天空气动力技术研究院、清华大学航天航空学院等40多家航空航天单位，以及中国原子能科学研究院、中科院高能物理研究所等10多家国防军工单位。据介绍，微软、ABB、西门子、日立、蒂森克虏伯等十几家世界500强公司，也都与虹润公司有业务合作。

坐落于闽西北部山区顺昌县的虹润公司，到底是怎样一家企业，它为何能取得如此骄人的成绩？

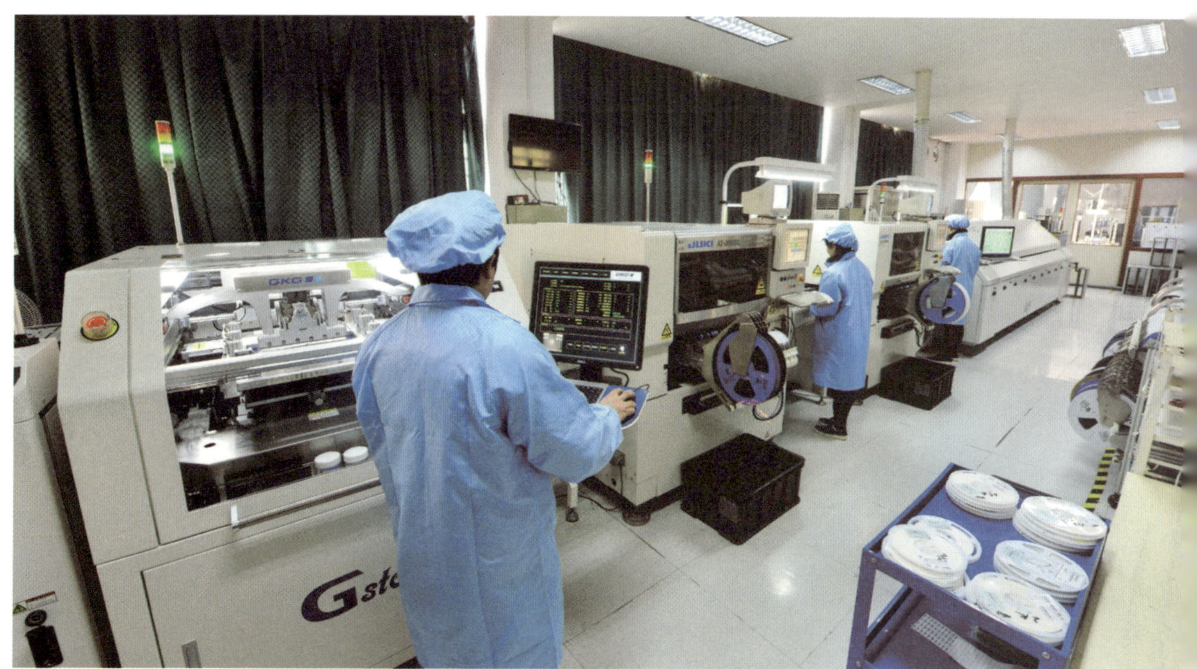

>>>虹润公司现代化的生产流水线（企业供图）

选准方向不惧挑战

虹润公司总工程师陈志扬已经在虹润工作17年了，年近50岁的他谈起公司的发展感慨万分：“经过20多年的创新发展，当年白手起家的仪表企业，已昂首挺立在中国仪器仪表产业的前列，公司的进步也是个人与团队的荣誉，每位在岗之人该如何发挥自己的那一点才能呢？我想除了当前备受推崇的‘工匠精神’以外，更重要的是头脑里要经常冒出一些创新想法。”

陈志扬告诉笔者，虹润公司以前是做显示仪表，虽然企业发展初期技术方面较薄弱，但一直都很重视对研发的投入。“2010年，公司在分析市场时，发现国内所开发的校验仪与国外产品还有较大的差距，存在精度不高、待机时间短、环境适应能力差、稳定性低等问题，而国外的高级校验仪价格又长期居高不下。”

>>>陈志扬介绍他的日常工作（刘应平/摄）

“课题确定下来之后，我们做了可研报告与技术确认，同时从美国引进样机，从样机着手进行钻研。”虹润公司组建了由模具工程师、软件工程师、硬件工程师等组成的技术团队，大家从自身专业出发，去研究解决模具设计、软件输入、电源等问题。

“我们领导一直强调，钱不是问题，人才才是最关键的。在我们公司，就算你以前不是这个专业的，只要你肯学、肯做，也可以成为骨干。正是公司提供了一个如此好的平台，才激励着大家发挥才智，共同把新的技术开发出来。”陈志扬坦言，在团队创新中大家都能各司其职，找到自身价值，因此一开始大家都怀着一定能攻坚克难的信心。

从2010年开始，虹润公司用了两年多时间研发，又花了半年时间磨合，直到2013年初才开始批量生产高精度多功能过程校验仪。“可以说，这是对我们考验最大的一项研发任务。现在我们做产品研发平均也就只需要3个月左右。”陈志扬说。

不断反复 精益求精

陈志扬告诉我们，测量精度、输出精度与分辨率是研发最关键的三个指标，一旦确定下来，就要求各个部件的研发都要往相应的目标上靠，因而实验过程中需要不断地磨合。在最艰难的可靠性试验中，研发团队每天都要从一两万试验数据中查找问题来源。

“譬如当时我们在信号处理部分，发现器件有温度飘移现象，这样的问题

>>>虹润公司主持起草制定《流程工业中电气、仪表和控制系统的试车》国家标准（企业供图）

一出现是需要马上处理的。后来反复实验发现可能是材料选择不当，电阻信号输出需要用镀金的材料，我们当时用的铜就不行，阻值会发生偏差。”陈志扬回忆说。

试验过程中，问题一个接着一个出现。如电池出现故障无法充电，研发团队就改变电路设计；仪器出现了温度偏差，他们就着手将原先冷端口内置改为外置……

“出现问题就要一点一点地去攻克，先分成若干组慢慢排除，最后把所有问题都汇总起来。”陈志扬多次讲到，因产品用途的特殊性，研发中一定要保证其自身的精准性，因而做出来的样机一定要经过反复试验，“当然，团队也有无法解决的问题，这时我们会去请教跟公司对接的专家，大家配合来完成，在解决过程中往往会因为一个很小的问题就把整个技术方案都推倒，总之就是所有程序反复走，一定要攻克每一道难关。”

“那段时间，大家每天都工作到很晚，我自己压力也很大，但是做技术的就是这样，要沉得住气，吃得了苦，敢于承担责任，最重要的是面临失败也不怕，我想不止我们这个团队，做技术研发都是这样的。”陈志扬以沉着轻松的口吻说道。

“传帮带”开启创新大门

经过孜孜不倦的努力，虹润公司研发生产的过程校验仪，和日本产品相比，在输出信号类别、待机时间、测量精度、环境适应能力、长时间工作稳定性等方面均接近，同时还增加了温标双向查表。在设计上，一改国内仪表呆板的方块造型，又不失产业仪表的大方稳重。

随着项目技术的成功，2013年，陈志扬被评为福建省劳动模范，为此，虹润公司成立劳模工作室，以陈志扬为中心建立起师傅带徒弟的“传帮带”机制，培养出一个又一个的创新能手。“我们手把手地教，新人就少走一些弯路，在这样的一个平台中大家都是不懂就问，先成长起来的人也从不会吝惜自身才能，有时大家也一起攻克难题，展开学术讨论。”对此，陈志扬感到由衷的欣慰，“公司引进人才，我们又通过‘传帮带’培养新人，在这样相互激励的机制之下，肯定能迸发出源源不断的创新想法！”

>>>虹润公司生产的各种显示仪表（刘应平/摄）

“公司近90%的技术人才都是被我们老板挖过来的，目前员工300多人，一半多都是科技人员，我们还在北京、上海、广州、南京、重庆等地设了5个公司和2个研发中心。”陈志扬介绍到，虹润公司主体虽位于小城，但视界延伸得很广。2014年，虹润公司与中国仪器仪表协会理事长、中国工程院院士庄松林团队结缘成立院士工作站。正是凭借着对人才与技术的重视，虹润公司目前已获得500多项国家专利及100多项软件版权登记，2016年6月还荣获“福建省科技小巨人领军企业”称号。

“6·18”激励成果转化

在2003年第一届“6·18”项目成果交易会上，虹润公司就果断投资320万元，与福建省电子研究所合作，联合开发生产智能工业过程无纸记录仪。此后，虹润公司多次在“6·18”平台上对接项目。2015年，虹润公司高精度多功能过程校验仪产业化项目获得福建省发改委“6·18”项目成果转化扶持资金支持，这是继“工业自动化仪表产业化”“智能液晶显示流量积算仪产业化”两个项目后，虹润公司第三次获得“6·18”的成果转化资金扶持。该项目的实施取得了显著的经济和社会效益，有效提升了企业自主创新能力和核心竞争力，带动了虹润公司的发展壮大，有力推动了福建省仪器仪表制造业的发展。

“以前条件不成熟，有很多东西不敢做，也来不及做，在如今这个创业创新的时代，主动去开发研究可以说是顺理成章了。我们公司每年都在研发，譬如今年我们就要考虑明年准备做的项目，因此我们的产品也一直在更新换代。”陈志扬感慨道。

在此基础上，多年来，虹润公司围绕着数显仪表、无纸记录仪、过程校验仪等几大系列产品，一直致力于标准化、信息化、工业化的“三化”融合，主持并积极参与制定了42项国际、国家标准，严格按照ISO9001标准建立了质量管理体系，实现了从生产到企业管理方面的标准化、制度化。同时，公司围绕“中国制造2025”，实现了企业管理信息化与生产装备的自动化，并将继续大力实施生产装备的智能化、网络化与数字化。

“‘6·18’项目资金给了我们很大的信心，我相信，凭着不断的研发与创新，我们一定有实力去迎接一个更好的明天！”最后陈志扬笑着说。

永恒能源：节能减排“红利”变现的秘密

王雄/文

节能减排是个功在社会、利在企业的大事，可是企业得掏出大把大把真金白银来做技术改造。“钱不是问题，问题是没钱！”但是，如果有一天，这个叫作张誉铧的人告诉你：“零风险、零投资”也能做节能减排改造！不要以为他是一个大忽悠，他确实做到了。

一块“不花钱还能省钱”的“馅饼”

过去有句老话，“技改是找死，不技改是等死”，这话说的是过去一些老企业在技术改造的高额投入面前的尴尬，但套用在节能减排的改造上，也是不少企业的“软肋”。

美籍华人张誉铧，祖籍福州，福建永恒能源管理有限公司（下称“永恒能源”）的创始人。2010年，张誉铧带领团队落户福建晋江，引入了一套叫作“合同能源管理与合同减排管理”的国际先进模式，也由此帮助不少企业打通了环保与效益的“任督二脉”。

“合同能源管理”指的是能源服务企业与客户签订合同，提供包括能源审计、项目设计、工程施工、设备安装调试、人员培训、节能量确认等一整套的服务，“客户不出一分钱，我们负责燃煤工业锅炉的改造，改造后我们从客户节能效益中收回投资和利润。通俗地说，先帮客户省钱，再从客户省下的钱里拿报酬。”永恒能源办公室主任庄国防介绍说。

可别小看这个“合同能源管理”，它就像一把金钥匙，能解开一系列的难题。首先是免去了企业的投入负担，不花钱也能做节能减排改造。在此基础

>>>永恒能源帮助绿康生化股份有限公司兴建的福建省浦城县最大的导热油项目（企业供图）

上，企业一方面降低了能源消耗，节约了大量生产成本，另一方面又提高了环保排放标准，降低了环境风险与压力。作为能源管理方，永恒能源也从中获得合理的经济回报，形成了一个“良性循环”。

“我们负责更新或改造热能供应系统，投资全套先进设备，系统运行所需燃料、系统维护、锅炉房管理及人工费用等均由我们负责，用户只需负责项目用地、土建和水、电等，并在项目验收投产后按照合同签订的热能价格向我们陆续支付热力费用。”庄国防说，最近几年，“合同能源管理”已成为节能减排的主角，因为在能源价格不断增长和环保要求日益提高的今天，这是“效益好、风险小、操作可行的模式”。

从2010年底以来，永恒能源已经以“合同能源管理”方式，对达利食品、柒牌服饰、兴业皮革等知名企业的中小型工业燃煤锅炉进行更新换代。经过改造，这些企业获得显著的社会效益和经济效益。

一把“6·18”打造的强大“金刚钻”

俗话说，“没有金刚钻，不揽瓷器活”。永恒能源的“金刚钻”，除了“合同能源管理”这一先进的模式之外，还得靠企业的科技实力这一过硬的“钻头”。而这离不开“6·18”平台的帮忙。

2012年，永恒能源首次参加“6·18”项目成果交易会，推出的“一种工业锅炉（窑炉）节能减排新技术”得到相关部门和众多企业家的关注。由国家发改委与科技部两支国家级引导基金参股的福建红桥新能源与泉州红桥创投基金共同投资2000万元人民币，参股扶持永恒能源发展。永恒能源还在现场与广州舒创有限公司签订了总价1亿元人民币的环保技术与产品合作协议。

2013年第十一届“6·18”，永恒能源推出自主研发的高效节能粉体低氮燃烧除尘脱硫工业锅炉系统，为工业燃煤锅炉除尘、脱硫、脱硝提供解决方案。这套技术可使锅炉烟尘、二氧化硫、氮氧化物排放量大大低于国家标准。

2015年，在第十三届“6·18”上，永恒能源还与集美大学机械工程学院签订合作意向书，共同研发粉体工业锅炉清洁燃烧福建无烟煤技术，以解决福建无烟煤的“难燃”问题。

“通过‘6·18’平台，引导高校科技资源和成果与企业的需求有效对接，促进了科技成果向现实生产力的转化，实现了合作共赢。”庄国防说。

与此同时，“6·18”还提供了一个项目推广的高效平台。每一次“6·18”展会，永恒能源的中小型工业燃煤锅炉节能减排技术都能吸引各界的眼球，为永恒能源快速打开市场扩大份额创造了极为有利的条件。在第十一届“6·18”上，永恒能源与福建兴业皮革科技股份有限公司签订技术合作协议，兴业皮革利用永恒能源的技术，解决皮革生产加工过程中的粉尘、废气污染排放问题，合同金额逾1亿元人民币。

环保即是省钱 省钱即是赚钱

没有最好，只有更好！永恒能源多年来一手抓模式推广，一手抓科技创新，通过不断的创新研发，让“节能的更节能，省钱的更省钱，环保的更环保”。

福建达利食品集团有限公司原先使用的3台锅炉，热效率仅60%~70%，年耗标煤1.5万吨。为了更好地节约资源和减少大气污染物排放，在当地相关政府部门的支持下，在二期工程的锅炉技改项目中采用永恒能源的1台高效节能粉体燃料锅炉替代原先3台耗能较大的旧体锅炉。

整个改造过程中，永恒能源运用和集美大学合力研发的先进技术，不仅保证达利食品集团有限公司生产运行所需的热能供应，而且有力地推动了企业节能减排。经惠安县环保监测站监测，锅炉改造前后节能减排效果显著，且锅炉热效率达88%以上，年节约标煤3101吨，年减排二氧化碳8125吨，年减排二氧化硫约49吨，年减排氮氧化物18吨，年减排粉尘37吨，年节约成本350万元。从这一组数据不难看出，做好环保是可以省钱的，而省钱，就是为企业增加效益!

对于改造后的效果，达利集团董事长许世辉曾如此评价：“没有难闻的气味，感受不到污染，现在公司都可以到锅炉房开会了。”

“这项技术目前已在多个项目中投产，并由国家认可的资质机构对其进行锅炉热效率和烟气的检测，为当地节能减排工作做出了突出贡献，同时也创造了一定的社会价值和经济效益。”庄国防说，该项技术对福建的产业升级和节能减排将起到很大的帮助，永恒能源的目标是让“清新福建”的天更蓝、水更绿、空气更清新。

附录："6·18"发展大事记

（2003年2月—2017年4月）

苏文土　王娟/整理

2003年2月21—22日，福建省发展计划委员会、南平市人民政府主办的福建·南平项目成果推介会在南平时代广场举办。来自海内外38所高校、科研单位的120多位专家，12家金融机构代表，以及企业家、民间投资人、项目业主等各界人士近3000人参会，促成科研成果项目对接167项。

2003年6月15日，福建省发展计划委员会、福建省财政厅联合印发《福建省促进项目成果转化扶持办法（试行）》（闽计政策〔2003〕17号）。

2003年6月15日，《人民日报》以《福建将举办项目成果交易会》为题报道首届"6·18"将举办的消息。此后十几年，《人民日报》多次报道"6·18"，如2006年6月11日的《福建加速科技成果转化推动自主创新》、2007年6月19日的《福建科技创新引领经济发展》、2011年6月23日的《福建科技成果对接助推经济转型》。2006年6月18日，《人民日报》以两个整版的篇幅详细报道第四届"6·18"，推出了《红红火火"6·18"》《搭建平台促发展》《网上"6·18"》《不落幕的"6·18"》《科技改变生活》等一组文章。2013年6月21日，《人民日报》发表了长篇通讯《听，菌草在说……——菌草走入第十一届中国海峡项目成果交易会》。

2003年6月18—20日，第一届中国·福建项目成果交易会（简称"6·18"）在福州金山展览城举办，同期举办4场论坛，共签订项目成果合同776项，总投资138.65亿元。

2003年6月19日，《人民日报·海外版》以图片新闻的形式报道首届

"6·18"，此后《人民日报·海外版》持续关注"6·18"，迄今已发表了60多篇报道、通讯，如2006年6月19日的《福建找到创新发展"金钥匙"——第四届中国·福建项目成果交易会开幕》、2008年6月17日的《"6·18"：海峡西岸新名片》、2008年6月20日的《新展会　新机制　新活力——第六届"6·18"打造海西发展新平台》、2010年6月18日的《"6·18"：海西科技创新大平台——写在第八届中国·海峡项目成果交易会开幕之际》、2011年6月24日的《不让成果躺在抽屉里——记技术转移的"福建模式"》、2012年6月22日的《"6·18"办得更实了》。

2003年8月27日，"6·18"网站（www.618.gov.cn）正式开通，成为福建省第一个专门服务于科技成果转化的政府类公共信息服务网络平台。2005年6月6日，"6·18"网站开通英文版（www.618.gov.cn/en）。2009年，该网站在"中国电子政务优秀应用成果推选活动"中，入选"十佳电子政务公共服务优秀应用案例（省级）"。

2004年6月18—20日，第二届"6·18"在福州金山展览城举办，同期举办第二届海峡青年论坛、中小企业上市论坛等5场论坛和6场项目签约活动。本届"6·18"设有3个展厅22个展馆，首次专设科技馆、院士馆、境外馆。26名两院院士、博鳌亚洲论坛秘书长龙永图等600多名专家学者与会。

2005年6月18—20日，第三届"6·18"在福州金山展览城举办。本届"6·18"首次专设台湾馆，面积300平方米，重点展示推介5家台湾厂商10个项目成果、7个闽台科技合作成果，以及30多个"台湾农民创业园"项目产品。62项台湾科技成果在展会期间成功与福建对接。海峡妇女创业论坛也首次亮相"6·18"。本届"6·18"还首次举办人才交流大会，此后成为每届"6·18"的固定配套活动之一。

2006年1月12日，福建省十届人大四次会议批准的《福建省国民经济和社会发展第十一个五年规划纲要》明确提出："加强科技成果推介工作，继续办好中国·福建项目成果交易会，增强科研机构与企业的联系，加速科技成果转化与应用。"2011年1月，福建省十一届人大四次会议批准的《福建省国民经济和社会发展第十二个五年规划纲要》又明确提出"推动提高……中国·海峡项目成果交易会等大型综合性投资促进和贸易活动的水平和实效，打造一批在国内外具有较高影响力的展会”。“充分发挥中国·海峡项目成果交易会的创新平台作用，完善对接机制，提高科研成果转化率，持续提升影响力，打造永不落幕的项目成果交易会”。2016年1月，福建省十二届人大四次会议批准的《福建省国民经济和社会发展第十三个五年规划纲要》再次明确“建设提升‘6·18’虚拟研究院、国家技术转移海峡中心等重点创新服务平台，推动各类创新平台向社会开放，促进公共研发和科技成果转移转化”。

2006年1月，《6·18博览》创刊，该刊是由福建省发改委主管，“6·18”组委会办公室主办的内部资料性出版物，每半月出版一期，黑白印刷，全面报道“6·18”动态，推介“6·18”项目。2015年1月，《6·18博览》改为全彩印刷。2016年3月，《6·18博览》改由“6·18”组委会办公室、福建省招标采购集团主办，每月出版一期。截至2017年4月，《6·18博览》已出刊232期。

2006年2月，福建省委组织部、省发改委、省政府驻京办联合在北京举办福建省“6·18”项目成果推进工作培训班，邀请姚穆院士等8位知名专家介绍当前科技发展情况，组织了北京大学、清华大学闽籍师生恳谈会等8场形式多样的活动。

2006年3月2日，福建“6·18”项目对接茶会在北京举行。清华同方、北大药学院、北京新材料中心、中科院自动化所、中国运载火箭技术研究院、北京科技开发中心、中国航天科技集团等单位的50多位专家学者与福建省的300多个技术需求方，进行面对面的了解与交流。

2006年4月，“6·18”组委会办公室在欧洲设立“6·18”平台（www.ft618.org），以吸收欧洲最新先进适用的项目成果，帮助福建企业进一步解决在生产过程中遇到的关键性及共性技术难题。

2006年4月10日，“6·18”服务热线——969618开通，负责接听、答复“6·18”的相关咨询。

2006年5月15—21日，中国工程院副院长沈国舫等13位中国工程院院士在福州、南平、厦门等地开展为期一周的对接活动，期间举办了“6·18”院士项目茶会等。

2006年6月17日，福建省发改委、省财政厅联合印发《福建省促进项目成果转化扶持办法（修订）》（闽发改政策〔2006〕571号）。

2006年6月18—20日，第四届"6·18"在福州金山展览城举办。本届"6·18"由中国科学院、人民日报社、国务院侨务办公室、国家外国专家局、福建省人民政府联合主办，首次实现多部门联办。"6·18"首次设立华侨华人成果展区，推介100多名海外华侨华人的300多项成果，同时举办华侨华人成果专场洽谈会、海外高新技术项目成果推介会。福建省总工会自本届起开始举办"海峡两岸职工创新成果展"。香港首次组团参会，香港科技大学、香港理工大学、香港中文大学等6所大学30多名专家学者组团，携带30多个项目参会，并举办了香港专家及留学人员项目推介座谈会。

2006年8月，福建省发改委、省政府驻京办与北京大学团委组织以北京大学福建籍学生为主的"关注'海西'发展、聚焦福建'6·18'"社会实践团来闽，开展社会实践，深入县乡、企业，对"6·18"对接项目进行调研考察，实践团撰写了《实践报告集——且行且吟》，为福建经济社会发展建言。

2006年11月25日，三维全景式展馆首次在"6·18"网站推出，展示了"项目成果馆""成就馆"和"技术需求馆"3馆18区的风采。

2006年12月14日，国家发改委办公厅《国家发展改革委通讯》第86期，刊发福建省发改委《以"6·18"为抓手，推动创新型省份建设——福建省举办项目成果交易会的主要做法与成效》（周裕惠执笔）专题报告。

2007年5月12日，北京大学海峡西岸发展研究会成立。研究会关注海峡西岸经济区发展，依托北京高校的科研优势，推动"6·18"产学研机构的联系，促进科研成果的转化。

2007年5月23日，由中国空间技术研究院、福建省委组织部、福建省科学技术协会、福建省经济贸易委员会、福建省发展和改革委员会共同主办的"6·18"项目茶会——中国空间技术研究院项目专场推介会在福州举行，空间生物技术及应用等多个项目达成对接意向。中国空间技术研究院首次组团参加第五届"6·18"，带来32个项目，开启"6·18"推动军民融合的新领域。

2007年6月6日，科技部国际合作司与福建省科技厅、省发改委、省工商联联合举办的"6·18"科技外交官项目推介对接会在福州举行。驻美国、奥地利、意大利等国的科技外交官就所在国的科技经济总体情况、法律环境等情况进行介绍。活动推介科技部140多个驻外机构推荐的43项优秀科技成果。此后，科技外交官项目推介对接会连续五年在"6·18"期间举办。

2007年6月16日，由词作家三宝、金易，作曲家赖董芳自发为"6·18"专门创作的歌曲《彩虹的天空》录制成MTV，向与会嘉宾和大众推介"6·18"。

2007年6月18—20日，第五届"6·18"在福州金山展览城举办。本届"6·18"起，国家科技部、建设部、教育部、信息产业部、全国总工会、共青团中央、国家知识产权局新增为主办单位；国家建设部与福建省政府联合在"6·18"展会上举办海峡绿色建筑与建筑节能博览会。澳门特首何厚铧率领一个由特区政府、企业界代表70多人组成的访问团参加本届交易会，并与福建省领导进行会晤，洽商两地交流合作。

2007年6月28日，厦门大学学生服务海西行动联盟暨"6·18"促进会在厦门大学成立。

2007年7月，福建省发改委与团省委联合组织清华大学博士生实践服务团首次来闽调研建言。实践服务团关注海峡西岸经济区的发展，调研"6·18"高科技项目对接，了解林业体制改革和民生问题。

2007年9月，"6·18"组委会办公室被评为2006年度省级青年文明号。

2007年12月，"6·18"组委会办公室经初步筛选、评委评议、公众投票、专家评审等环节，评选出10个"2007年度'6·18'十大优秀转化项目"和10个"2007年度'6·18'优秀转化项目"。

2007年12月7日，福建"6·18"品牌发展研讨会在北京举行。黄克智、陈运泰等7名中国科学院、中国工程院院士，十多位全国知名品牌专家围绕提升"6·18"品牌、挖掘"6·18"品牌价值、完善品牌功能、研究品牌发展战略、探索品牌塑造及推广等方面建言献策。

2007年12月27日，经福建省人民政府批准，"中国·福建项目成果交易会"更名为"中国·海峡项目成果交易会"。

2008年1月，中国工程院确定参与主办"6·18"。

2008年2月，由"6·18"组委会办公室组织编写的《彩虹的天空下——"6·18"中国·海峡项目成果交易会五年见证》一书由福建科学技术出版社出版。该书汇集了从2003年至2007年五届"6·18"的决策部署、运作实践，展示了全省各主要行业的52个落地、转化的典型项目成果。

2008年2月，澳门特区政府确定参与主办"6·18"。

2008年3月18日，福建省发改委、省农办、省农业厅、宁德市人民政府在宁德蕉城霍童镇联合举办"6·18"项目茶会——霍童农业"五新"专场推介会，活动包括农业"五新"成果展示、科技咨询、新机具现场演示、科技讲座、农业"五新"成果对接洽谈等，40多家涉农科研单位参会，展示了850个农业"五新"品种，24个摊位60多名专家接受了1100多位农民、专业大户、企业家的科技咨询，320位农民、专业大户、农业企业参加对接，签订意向书41项。这个先后由霍童镇、蕉城区主办了八届的农业"五新"成果推介会，上升为"6·18"项目茶会，规格、规模和效应都得到了大幅提升，此后的2009年、2010年"6·18"又持续支持这项活动。

2008年6月，《流金焕彩"6·18"——走进中国·海峡项目成果交易会》报告文学集由海潮摄影艺术出版社出版。该书收录福建省作家协会朱谷忠等十几位作家深入企业一线，亲身感受20个"6·18"优秀项目的真实情况，作家们以特有的发现眼光，反映了这些项目为社会带来的巨大效益，以及这些创新型企业的开拓精神。

2008年6月2日，"6·18"组委会办公室与中国移动福建公司签订战略合作伙伴关系协议，中国移动福建公司在12580信息平台上开设"6·18"服务专线，为"6·18"项目、技术、资金、人才的对接提供支持，用户只需拨打12580即可轻松查询历届"6·18"项目成果、技术需求、科研信息、专家资料、活动安排、扶持政策、会务服务等信息，查询结果可采用人工语音播报，还可以短信或手机报的形式发送给订制的手机。

2008年6月11日，福建省国土厅、省发改委联合印发《关于切实做好"6·18"项目建设用地工作的通知》（闽国土资文〔2008〕131号），明确：

对省发改委确定的符合产业导向、技术含量高、产业带动作用强、成长性好的"6·18"重点对接项目，各地国土资源部门在年度土地利用计划指标安排上要优先保证，确保合理的用地需求，促进项目落地转化。

2008年6月18—20日，第六届"6·18"在福州金山展览城举行。全国政协副主席、全国工商联主席黄孟复宣布开幕。本届"6·18"开设防灾减灾项目推介专栏，推介近50项防灾减灾项目成果，推动成果落地转化，提高预防和处理突发公共事件的能力。

2008年7月1日，首家"6·18"项目成果转化创业园在龙岩市新罗区龙州工业园区动工，总建筑面积3.2万平方米。新罗区在当年5月成立全省首个工业园区"6·18"对接服务窗口的基础上，创新项目成果转化工作机制，建立"6·18"项目成果创业园作为解决企业技术需求和寻求新技术、新项目的主要平台。

2008年7月，"6·18"组委会办公室组织调研小组赴莆田市，对2003年以来历年安排的"6·18"专项资金扶持项目和小发明、小创造项目全面开展调研摸底，加强项目跟踪管理、推动项目落地。此后，"6·18"组委会办公室于2009年调研福州、三明市"6·18"项目，2010年调研漳州市"6·18"项目，2011年调研泉州市"6·18"项目，2012年调研宁德市"6·18"项目，2014年调研龙岩市"6·18"项目。

2008年10月，由海峡都市报组织的"海西先行十大故事"揭晓，"6·18两个带动故事"被评为"十大故事"之一，文章以三明华健生物工程公司通过"6·18"对接复旦大学高新项目，实现变废弃烟叶为良药的故事为例，反映了福建省搭建"6·18"平台，实施"项目带动、品牌带动"的巨大效应。

2008年10月26日，福州大学成立研究生"6·18"实践团，在"6·18"项目征集、推介、对接中有所作为。

2008年11月13—15日，第八届中国最佳公共关系案例大赛颁奖典礼在北京举行，由"6·18"组委会办公室申报参评的《构建海西科技公关大平台——福建"6·18"项目成果交易会》案例，获得大赛唯一的最佳创新奖。该案例以《构建海西科技公关大平台——福建省2007年"6·18"项目成果交易会》

为题，与全国其他53个案例一起被编入《最佳公共关系案例（第八届）》一书，于2009年10月由中国市场出版社出版，作为高校公共关系选修课教材。

2008年12月30日，福建省发改委印发《福建省发展改革委项目成果转化资金安排若干规定（试行）》（闽发改政策〔2008〕1155号）。

2009年4月，"6·18"组委会办公室日常执行机构——福建省发改委项目成果推进处获评"全国工人先锋号"。

2009年4月7日，中国科学技术协会正式复函福建省人民政府，确定参与主办"6·18"。

2009年5月，经国务院学位办同意，福建农林大学在"持续发展与推广学"博士点下新设"科技成果转化与持续发展"研究方向的博士生试点班，当年6月开始招考，主要面向为"6·18"做出成绩的、渴望继续深造的中青年领导干部、各级管理人员、企业家和有志于从事科技成果转化工作的其他人士。

2009年5月10日，福建农林大学成立"6·18"创新社。旨在为农大研究生提供参与"6·18"的平台，使学生在学习和实践中增强科技创新意识，并在"6·18"中有所作为。

2009年5月，中国银行福建省分行印发《"6·18"项目对接专项贷款指南》，明确在总行每年下达的新增信贷规模中，安排不低于10%的额度作为"6·18"项目贷款。申请对象须是"6·18"参展项目的接受方，项目经福建省发改委初步审查，列入"6·18"项目库。银行对项目达产后年销售收入在1亿元以上的信贷对象开辟信贷审批"绿色通道"，享受与重大项目同等待遇，实现现场调查和现场审查的平行推进。对于达产后年销售收入在1亿元以内的信贷对象开辟"信贷工厂"，快速审批流程。2009年第七届"6·18"期间，漳州科华技术有限责任公司、福建富顺电子有限公司等10家企业成功与中国银行福建省分行签署了《"6·18"项目对接专项贷款合作意见书》，意向授信金额3.64亿元。

2009年6月18—20日，第七届"6·18"在福州举行，中共中央政治局委员、国务委员刘延东莅会指导，评价说"'6·18'的机制越来越完善，成果越来越突出，影响越来越大，已经成为科技创新的平台、国际交流的平台和两岸合作的平台"。

2009年8月，"6·18"网站"技术经纪人之窗"栏目开通。9月23—27日，福建省科技厅、省发改委、省教育厅联合举办福建省首期技术经纪人培训班，160名学员参加学习。

2010年3月9日，"6·18"项目成果交易服务中心福州大学分中心成立。4月8日，分中心主办了"科技项目茶会——集成电路专题"，此后举办了多场不同主题的科技项目茶会。

2010年3月21日，福建省发改委组织召开"6·18体制机制创新研讨会"。邀请专家学者对福建社科院研究员、企业经济研究中心主任林其屏领导的课题组所完成的《福建6·18体制机制创新研究报告》及4个调查报告进行研讨。

2010年5月，"6·18"组委会办公室精心策划印制了20万份商业信函，向福建省内具有一定规模的中小企业开展宣传及邀请工作。信函以简洁的语言介绍"6·18"、项目库及扶持政策，并生动介绍了3个"6·18"项目成功案例。

2010年6月，招商银行福州分行推出专为"6·18"量身定做的"点金618"个性化系列金融产品，以金融创新推动企业科技创新，包括"专利贷""订单贷""技改贷""综合贷"四个类别。

2010年6月17日，全国人大常委会副委员长陈至立、周铁农在福州会见前来参加第八届"6·18"的部分嘉宾。陈至立说："海峡项目成果交易会重在科技成果和生产企业的对接，促进了科技成果向生产力转化，促进了生产方式的转变，是个创举。这些年交易会规模越办越大，成果转化率越来越高，显示出强大的生命力。在当前应对国际金融危机、转变经济发展方式的关键时期，这样的交易会具有很强的导向和推广意义。"

2010年6月18—20日，第八届"6·18"举办，这是"6·18"首次在福州海峡国际会展中心举行，启用1—7号展厅，总面积7万多平方米，共有31个展馆，低碳产业馆、物联网馆、物流博览会馆、检验检疫科技成果馆属首次设立。2006年诺贝尔经济学奖得主、美国哥伦比亚大学社会与资本研究中心主任埃德蒙·菲尔普斯，荷兰瓦格宁根大学校长戴克豪森博士等1000多名来自40多个国家和地区的境外嘉宾参会。

2011年2月10日，由福建省发改委主办的第一讲"6·18"经济科技讲坛在福州举办，中国工程院原副院长邬贺铨院士作了"信息技术发展趋势与数字福建建设"专题报告。经济科技讲坛本着"解放思想、开拓视野、凝心聚力、锐意创新"的宗旨，不定期邀请经济和科技各领域的专家学者或知名人士主讲。截至2013年3月29日，讲坛共举办18讲。

2011年3月，国家环境保护部新增为"6·18"主办单位。

2011年4月，"6·18"组委会办公室组织专家从福建全省各地、各部门申报的200多项产品中评选出82项"6·18"优秀创新产品，并在第九届"6·18"展会设置专区，展销这些创新产品。

2011年4月2日，"海峡项目成果交易会"官方微博开通。在随后的第九届"6·18"展会上，使用微博实现项目分享、互动成为一大亮点。

2011年6月18日，全国人大常委会副委员长、民盟中央主席蒋树声在福州会见参加第九届"6·18"的部分嘉宾。他说，"6·18"已经成为产学研相结合的重要平台，成为福建省加快建设创新型省份的一大品牌。交易会创新机制，为科技工作者和企业家搭建了桥梁，有力地推动了科技成果转化为生产力。交易会双向交流、双向对接，既促进科技创新，也推动经济发展，有力地加强了国际交流、两岸合作，实现互利共赢。

2011年6月18—22日，第九届"6·18"举行，展会时间首次从3天延长至5天，参会参观总人数达29.2万人次。诺贝尔化学奖获得者、以色列科学家阿达·尤纳斯教授及其团队与会，并与福州大学签署合作协议备忘录。"活力澳门推广周"亮相本届"6·18"一号展馆，展览面积9000平方米，集中展示了澳门经济发展、澳门创新科技成果、澳门旅游文化、澳门特产、澳门制造、葡语国家产品等内容。

2012年4月，"6·18"专家预约洽谈系统上线，确定来榕参加"6·18"的专家学者通过系统可在线登记研究领域、研究方向、可供对接项目、在闽期间可与企业交流时间段等相关信息，供企业方预约。第十届"6·18"展馆设置有专区，为预约成功的双方提供洽谈、交流等服务。

2012年6月，《人民日报》内参发表了国家工商总局行政学院副院长李德伟撰写的《福建依靠"6·18"平台推动发展方式转变》一文，从政府和企业层面分析"6·18"十年来为福建转变发展方式、实现科学发展所做的努力，对"6·18"推动科技与经济社会的结合给予充分肯定。

2012年6月，"6·18"组委会授予50名境内外院士、专家学者"6·18突出贡献奖"荣誉称号，表彰他们为福建项目成果对接转化做出的重要贡献。

2012年6月17—21日，第十届"6·18"举行。连城、新罗等10个"6·18"重点县（市、区）专设创新成就展，在展会期间分别组织专题馆日活动，既宣传了当地特色产业和创新产品，也活跃了展会现场气氛。本届展会还首次设立个人创新成果展区，展出福建省申请有发明专利的民间发明成果100多项。

2012年9月12日，中国航天科技集团公司与福建省人民政府在福州签订战略合作框架协议。协议明确，中国航天科技集团公司参与主办"6·18"，大力推进科技成果产业化，促进福建经济结构转型升级。

2012年11月，"6·18"组委会办公室表彰197名第十届"6·18"工作人员。

2012年12月18日，"6·18"组委会办公室依托科易网的技术支撑，在福州举办了首场"6·18"网上对接会——新材料及其相关产业网络对接会，共征集推介项目成果195项、企业技术需求129个，全国20所高校、研究机构的66位专家应邀上线参与对接，其中有6位来自海外的专家。在两个小时的对接时间里，共有15702人次在线参会，达成合作意向48项。

2013年6月17—21日，第十一届"6·18"举办，全国政协副主席、全国工商联主席王钦敏与会。本届"6·18"首次专门设置央企馆，航天科工、航天科技、中航工业、中国中化、中国电建等10家央企组团参展，展示创新成果、推介科研技术，促进与闽企的项目对接。上海首次组团参加"6·18"，组织了20家单位的43个项目参加展览展示和洽谈。本届"6·18"还开设电子名片系统，1万多人领取了电子名片，并在逛展时通过电子名片系统轻松与参展单位交换信息。第四届世界闽商大会、福建第三届民营企业产业项目洽谈会与本届"6·18"同期举办。

2013年7月11日，福建省人民政府与中国电子信息产业集团在福州签订战略合作框架协议。协议明确，中国电子信息产业集团参与主办"6·18"，将通过征集、展示、推介中国电子的软硬件技术、产品和项目，与福建相关企业、高校院所、园区、地方政府联合建立产业创新平台等方式，推动中国电子信息产业集团的科技成果在福建落地转化。

2013年10月29日，依托机械科学研究总院海西分院建设的"6·18"虚拟研究院首家产业技术分院——机械装备（三明）分院在三明高新区金沙园（沙县）挂牌成立。2014年1月9日，福建省海洋与渔业厅成立"6·18"虚拟研究院海洋分院；2014年1月17日，由福建省发改委、省住建厅共建的"6·18"虚拟研究院建筑建材分院在省建筑科学研究院挂牌成立；2014年6月18日，福建省农科院牵头建设的"6·18"虚拟研究院现代农业分院成立；2014年12月22日，以福建省机械工业联合会为依托的"6·18"虚拟研究院机械装备（福州）分院成立；2015年4月28日，依托福建农林大学菌业研究院成立的"6·18"虚拟研究院食用菌分院在古田县成立；2015年6月19日，依托福建省全民终身教育促进会的"6·18"虚拟研究院社会创新分院成立；2015年9月17日，依托福安电机工程学会的"6·18"虚拟研究院电机电器分院在福安成立并授牌。

2013年11月18日，"6·18"组委会办公室举办首场"6·18"科技项目投融资路演对接会，旨在服务中小企业发展和产业转型升级，为资本与项目实现合作共赢搭建高效平台。

2013年12月5日，"6·18"网站（www.618.gov.cn）升级改版为"6·18"虚拟研究院网络协同平台。

2013年12月21日，海外科技专家顾问团成立暨福建省政策推介会在福州举行。会上，"6·18"组委会办公室聘任29名海外科技专家入驻"6·18"虚拟研究院，他们成为"6·18"虚拟研究院首批入驻专家。

2013年12月25日，福建省政府办公厅转发福建省发改委制定的《关于建设"6·18"虚拟研究院的实施方案（2013—2015）》（闽政办〔2013〕143号）。

2014年4—6月，福建省发明家协会、科易网主办了首届"6·18"非职务发明竞赛。有250多项发明参赛，130多项获奖。参赛者年龄最小的9岁，最大的87岁。在2014年第十二届"6·18"展会上，有23项获奖项目与企业实现对接。2015年3—6月，福建省项目成果交易服务中心、省发明家协会承办了"全民大智造"第二届"6·18"发明竞赛，28项获奖项目在展会上与企业对接。

2014年5月，中国企业联合会、中国企业家协会新增为"6·18"主办单位。

2014年5月6日，"618海峡项目成果交易会"微信公众号正式开通。2015年该公众号升级为服务号。2015年11月12日，"618博览"微信公众号开通，并在随后陆续入驻"企鹅媒体平台""一点资讯""今日头条"，实现内容同步。

2014年6月，《开拓之歌——在实施创新驱动发展战略的"6·18"平台上》一书由红旗出版社出版，全书精选了作者采访"6·18"所写的近百篇综述、通讯、人物专访、消息、言论等，多角度、多侧面、深入生动地反映了"6·18"实施创新驱动发展战略取得的可贵经验与丰硕成果。

2014年6月16—19日，"6·18泉州制造院士行"专题调研活动举行，中国工程院院长周济率7位院士、39位专家，深入泉州制造企业调研。此后，中国工程院多次调研泉州，并推动泉州成为"中国制造2025"制造强国战略首个地方试点，实施"数控一代"工程。2016年12月，国家工信部正式批复泉州为"中国制造2025"试点示范城市。

2014年6月17—21日，第十二届"6·18"举办，3000多名专家学者参会，展示总面积8.3万平方米，参展企业2100多家，其中央企9家，"6·18"虚拟研究院首次在展会上亮相，平潭首次以地级市单位设专馆参展。2014年全国企业家活动日暨中国企业家年会、福建省第四届民企洽谈会与本届"6·18"同期举办。

2014年10月6—9日，由台湾对外贸易发展协会、台湾电机电子工业同业公会等联合主办的第四十届台北国际电子产业科技展、台湾国际绿色产业展在南港展览馆盛大举办。"6·18"组委会办公室首次赴台参展，设立两个特装展位充分展示"6·18"形象，推介"6·18"平台，学习国际先进展会成功经验，吸引台湾等地专家、企业到"6·18"参展参会。

2015年3月18日，"6·18"组委会办公室举办品牌形象发布会，发布"6·18"品牌新标识和主题语。标识的主体是一个地球造型，寓意"6·18"

品牌的国际化视野；地平线上一抹光代表"6·18"是科技产业的曙光，也是转化全球科技成果的推动者；中间的"点"，寓意"6·18"的关键功能在于精准对接，"6·18"是科技成果与产业的连接点。主题语为"科技点亮产业之光"。

2015年4月，机械科学研究总院、中粮集团有限公司、中国机械工业联合会、中国再生资源回收利用协会新增为"6·18"主办单位。

2015年6月16日，福建省六一八产业发展有限公司成立，系省管企业福建省招标采购集团全资子公司。自2016年起，在福建省发改委指导下，执行"6·18"展会、日常项目对接工作，建设运营"6·18双创云平台"。

2015年6月17—21日，第十三届"6·18"举办。中国科协党组书记、常务副主席尚勇，中国工程院院长、党组书记周济等2600多名专家学者参会，展示总面积10万平方米，参展企业2300多家，其中，央企14家、境内外上市公司26家、国家高新技术企业100多家、台湾企业60多家，首设互联网经济馆、品牌创新馆。第十一届粮食产销福建协作洽谈会、福建省第五届民营企业产业项目洽谈会与本届"6·18"同期举办。展会期间，首次分批次组织院士、专家巡馆，到展位直接与参展商对接，提供技术诊断等服务；首次引入主场服务商等专业展览管理模式，提升展会管理水平。

2015年6月19日，"6·18"基金成立，基金由福建省招标采购集团有限公司发起设立，立足服务于"6·18"对接成功项目的孵化、产业化，首期规模10亿元人民币，初始资本6亿元。截至2017年4月，"6·18"基金已参股投资6个"6·18"对接项目，入股总额3.8亿元。

2016年3月18日，由福建省发改委、省经信委、省科技厅和漳州市人民政府主办的福建装备制造业发展论坛暨项目对接会在漳州举行，这是首场"6·18对接日"活动。"6·18对接日"是由福建省发改委、省经信委、省科技厅联合相关部门、地市，多方协同，整合资源，在每月18日前后举办的具有一定规模的项目对接活动。

2016年5月，"6·18双创云平台"（http://sc.618.gov.cn）一期上线试运行，平台由福建省发改委、省招标采购集团主办，福建省六一八产业发展有限公司负责日常运营。

2016年5月18日，由福建省科技厅、省发改委、省经信委，南平市人民政府联合主办的"6·18对接日"——竹产业科技成果推介对接会在建瓯举办，福建省六一八产业发展有限公司为本次对接会引入微直播技术，通过微信视频直播对接活动，让未能到场参加对接会的企业也可以通过微信视频同步观看现场活动，同时可通过微信，与现场嘉宾洽谈对接，有效打破了对接活动的时空限制，这是"6·18"对接活动首次结合微直播技术。

2016年6月17—21日，以"创新、创业、创造"为主题的第十四届"6·18"举办，展示总面积9万平方米，3100多名专家学者参会，参展企业2200多家，其中，央企7家、国家高新技术企业近百家、台企30多家、世界500强企业18家，展会设有"创响中国"主题馆。第五届世界闽商大会、第六届民企洽谈会、第十二届粮食产销协作福建洽谈会与本届"6·18"同期举办。

2016年8月18日，"6·18对接日"活动——海峡创新项目资本对接会在福州举办，本次活动建立了对接会集"技术推介、项目路演、经验分享、沙龙探讨、采购商对话"于一体的标准化模式。

2017年3月，由福建省发改委项目成果推进处、项目成果交易服务中心，福建省六一八产业发展有限公司等为主体的"6·18"团队获评2015—2016年度全国青年文明号。

2017年3月20日，福建省发改委、省经信委、省科技厅、省农业厅及南平市人民政府联合在武夷山市举办"6·18对接日"活动——绿色发展创新大会暨绿色农业项目资本对接会。本次对接活动紧扣南平优越的自然资源，邀请600多名专家学者、投资机构代表、农产品采购商、农林企业代表与会，设立现代农业、现代林业、现代农业商贸流通、现代农业品牌四场分会，通过项目资本对接、商贸流通融合、品牌建设提升，探索打通绿水青山转化为"金山银山"的"最后一公里"。活动得到福建省省长于伟国、常务副省长张志南的批示肯定。

2017年4月，国防知识产权局、中国产学研合作促进会、中国工业经济联合会、中国生物工程学会新增为"6·18"主办单位。

彩虹的天空

——献给“6·18”项目成果交易会

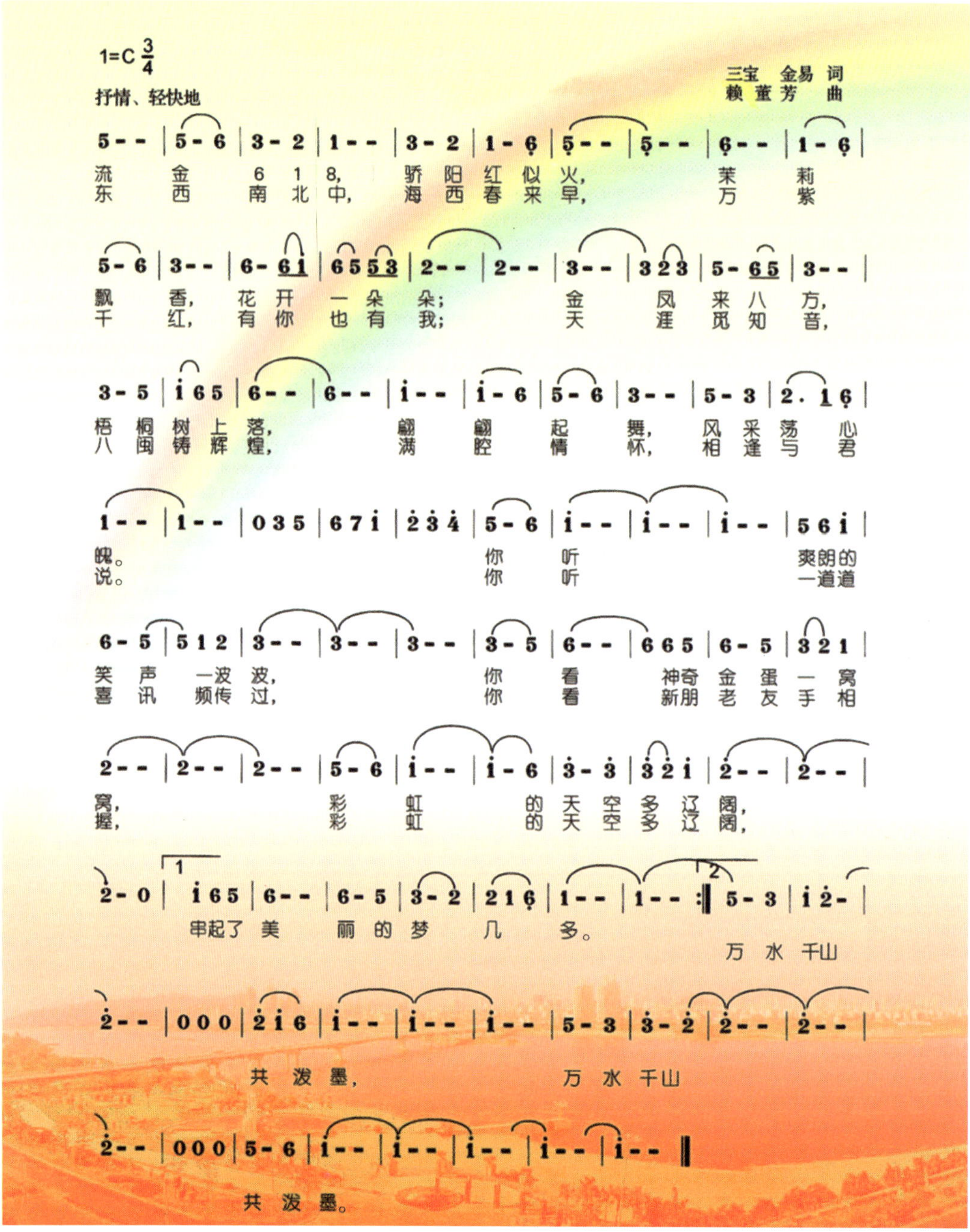

1=C $\frac{3}{4}$

抒情、轻快地

三宝　金易　词
赖　董芳　曲

流金 6 1 8，骄阳红似火，茉莉飘香，花开一朵朵；金风来八方，梧桐树上落，翩翩起舞，风采荡心魄。

东西南北中，海西春来早，万紫千红，有你也有我；天涯觅知音，八闽铸辉煌，满腔情怀，相逢与君说。

你听爽朗的笑声一波波，你看神奇金蛋一窝窝，彩虹的天空多辽阔，串起了美丽的梦几多。

你听一道道喜讯频传过，你看新朋老友手相握，彩虹的天空多辽阔，

万水千山共泼墨，万水千山共泼墨。